W0190000

Schleswig-Holstein

Die 100 besten Landgasthöfe

Michael Stitz

Ellert & Richter Verlag

Inhalt

Vorwort

Genüsse des Nordens

Lange Zeit war es schick, eine möglichst internationale Karte in seinem Restaurant vorlegen zu können. Das hat sich (zum Glück!) geändert. Der neue Trend heißt eindeutig regional, saisonal, frisch und kreativ.

In Schleswig-Holstein hat sich in den Küchen und im Selbstverständnis der Köche sehr viel getan. Spätestens mit der Gründung des Vereins „Feinheimisch" wurde eine Basis für Köche und Produzenten bereitet, auf der sich eine anspruchsvolle heimische Küche entwickeln konnte und kann, die auf Nachhaltigkeit und Qualität setzt.

Jetzt kommt es auch auf den Konsumenten an, diesen Trend zu unterstützen und daraus ein dauerhaftes Bestreben werden zu lassen. Es ist heute nicht mehr schwer zu wissen und zu erkennen, wer gut kocht und wer welche Produkte verarbeitet. Die Gastronomen müssen darüber Auskunft geben, die Karten in ihren Häusern sind meist schon ein wichtiger Hinweis, wie in der Küche gearbeitet wird. Gerade die engagierten Köche, die Wert auf erstklassige Produkte aus der Region legen, dokumentieren ihren Anspruch gern auf der Karte oder lassen den Service über Herkunft, Aufzucht und Verarbeitung ihrer Lebensmittel berichten.

Schleswig-Holstein hat sich dadurch in den letzten Jahren weiter als Land mit einem guten und breiten gastronomischen Angebot entwickelt. Die Zahl der Top-Restaurants ist hier deutlich höher als in den benachbarten Bundesländern, die Vielzahl neuer Landgasthöfe und junger Köche, die mit neuen Konzepten die Häuser lebendig und modern halten, ist beachtlich. „Schleswig-Holstein – Die 100 besten Landgasthöfe" ist seit über zehn Jahren eine verlässliche und einmalige Quelle, um schnell und übersichtlich die Speisehäuser zu finden, für die sich auch weitere Wege lohnen. Mit diesem Buch lassen sich gute Küchen und charmante Häuser entdecken. Die Vorstellung der Top-Restaurants des Landes ergänzt diesen Guide sinnvoll und kompetent.

Essen und Trinken sind immer auch Ausdruck der Kultur einer Region. Häuser, die diese Kultur vorbildlich pflegen und mit ihrer Kreativität weiterentwickeln, gilt es zu unterstützen, um sie zu erhalten. Mit Sorgfalt und Kenntnis wurden die Landgasthöfe für diesen Führer ausgewählt. Sollten sich dennoch bei dem einen oder anderen vorgestellten Haus nicht die Qualitäten zeigen, die hier beschrieben sind, bitten Autor und Verlag um Nachricht. Das gilt auch für neue Tipps. Denn die Landgasthofkultur ist ständig in Bewegung. Nicht jede bekommen wir rechtzeitig mit. Senden Sie Ihre Hinweise direkt an den

Ellert & Richter Verlag
Große Brunnenstraße 116–120
22763 Hamburg
info@ellert-richter.de

Vielen Dank im Voraus
Ihr
Michael Stitz

Aal-Kate
Kuhlworth 21
25436 Neuendeich
Kreis Pinneberg
Tel. 04122/2264
Fax 04122/44845
www.aal-kate.de

Besitzer/Inhaber
Knuth und Marianne Behr

Küchenchef
Knuth Behr

Öffnungszeiten
Küche 12–22 Uhr,
So ab 9 Uhr maritimes
Frühstück

Ruhetage
Montag, Dienstag

Hauptgerichte
ab € 10,–

Menüs
ab € 22,–

Spezialität des Hauses
Fischspezialitäten,
Aalgerichte

Plätze
120, 50 auf der
Terrasse

Kreditkarten
EC-Karte, Mastercard,
Visa

Besonderheiten
Lage auf dem Deich,
Bootsanleger

Natürlich gibt es in der Aal-Kate Aal in fast allen Variationen. Aber die delikate Zubereitung, die Knuth Behr den Spezialitäten seines Hauses zukommen lässt, ist dann doch eine erfreuliche Erfüllung der Vorstellungen, die man mit dem Namen des reetgedeckten Restaurants an der Pinnau verbindet. Aalsuppe, geräucherter Aal, Aal grün, Aal aus der Pfanne oder in Dillgelee sind gelungene Köstlichkeiten. Dennoch beschränkt sich die Küche der Aal-Kate nicht nur auf den edlen Fisch, sondern bietet auch eine kleine Fleischkarte, frische Salate und schmackhafte Suppen.

Marianne und Knuth Behr haben aus der Aal-Kate mehr gemacht als nur ein Speisehaus. Es ist auch ein Haus der Ruhe, der schönen Aussicht und der besinnlichen Stunden. Hier genießt man den Ausblick auf die Elbmarschen, freut sich über den aufmerksamen Service und das gute Essen.

Anfahrt: A 23 Abfahrt Tornesch, Richtung Uetersen. Dort immer geradeaus. Ca. 3 km nach dem Ortsausgang befindet sich die Aal-Kate auf der linken Seite.

Über 200 Jahre „Alter Gasthof"

Alte Dorfstraße 5
25992 List/Sylt
Kreis Nordfriesland
Tel. 04651/877244
Fax 04651/871400
www.alter-gasthof.com

Eine richtige Seefahrer-Gaststätte ist diese ehemalige Kate, die zu den ältesten bäuerlichen Gebäuden auf Sylt zählt. Seeleute waren es, die sie 1804 in einen Gasthof verwandelten. Seither wird die bewegte Geschichte dieses Landgasthofs von Menschen bestimmt, die von stürmischen Reisen über die Meere ebenso zu berichten wissen wie von schmackhaften Gerichten, die sie auf ihren großen Fahrten kennengelernt haben. Auch Christa und David Kaplan, die das Traditionshaus in List 1991 übernahmen, hatten viel Seeluft geschnuppert, bis sie gemeinsam mit Küchenchef Manfred Koch, dem Bruder von Christa, hier vor Anker gingen. Ganz in der Küchentradition des Hauses serviert man vor allem frischen Fisch, aber auch deftige Steak-Portionen vom besten US-amerikanischen Rind, und ist stolz auf eine gute Weinauswahl. Besonders gern empfiehlt das Team vom Alten Gasthof den Hummer „Helgoländer Art", der in Seewasser gekocht, tranchiert und mundgerecht mit Cocktailmayonnaise und geschmolzener Butter serviert wird.

Anfahrt: Auf der Listlandstraße/Hafenstraße bis zum Kreisverkehr, 2. Ausfahrt Hafenstraße. Dann nach links in die Dorfstraße. Der Gasthof befindet sich auf der linken Seite.

Besitzerin/Inhaberin
Christa Kaplan

Küchenchef
Manfred Koch

Öffnungszeiten
ab 13 Uhr

Ruhetag
Montag (Juli u. August kein Ruhetag)

Hauptgerichte
ab € 16,–

Mittagstisch
ab € 7,90

Spezialität des Hauses
Hummer „Alter Gasthof" nach Helgoländer Art

Plätze
50 und 30 auf der Terrasse

Zimmer
3 FeWo, ab € 70,–

Kreditkarten
EC-Karte, Amex, Mastercard, Visa

Besonderheiten
Nähe zum Königshafen

9

Alter Kirchkrug

Am Kirchberg 9
24991 Großsolt
Kreis Schleswig-Flensburg
Tel. 04602/251

Küchenchef/Besitzer/Inhaber
Gregori Dracke

Öffnungszeiten
tägl. von 17–23 Uhr,
So auch von 11–14 Uhr

Ruhetag
Montag

Hauptgerichte
ab € 9,80

Spezialität des Hauses
gutbürgerliche Küche

Plätze
60

Kreditkarten
EC-Karte

Es ist das imposante Gotteshaus, das einem zuerst auffällt, wenn man die Straße Am Kirchberg hochfährt. Mächtig wirkt dieses Gebäude, wehrhaft und beschützend. Schutz haben auch die Landgasthöfe häufig nötig. Viele mussten in den letzten Jahren schließen. Auch der elterliche Betrieb von Gregori Dracke in Großsolt. Doch als er im selben Dorf vor wenigen Jahren den mit EU-Mitteln frisch renovierten „Alten Kirchkrug" (erbaut 1887!) zur Pacht angeboten bekam, verließ er sich auf seine gute Ausbildung und Erfahrung als Küchenmeister und glaubte an die Zukunft seines Landgasthofs. Zu Recht! Schlicht, aber freundlich wirkt der große Gastraum, einladend die geschützt liegende Südterrasse. Drackes Augenmerk liegt weniger auf Dekor und Tischkultur als vielmehr auf seiner bodenständigen Küche und ihren Frischeprodukten. Wechselnde Tagesgerichte wie Tafelspitz oder Kalbsbraten ließen aus vielen Spontan-Besuchern Stammgäste werden. Die kleine Krug-Karte mit hausgemachtem Sauerfleisch und Bratkartoffeln, Rumpsteak mit Beilagen oder Kirchbergteller (drei kleine Steaks von Schwein, Rind, Pute) mit Beilagen zeigt die Grundzüge der Küche, die solide aufkocht. Je nach Jahreszeit präsentiert der engagierte Küchenchef seine Extras wie im Frühsommer seine Spargelkarte. Kurzum: Eine gute Adresse für Genießer, die weniger Wert auf schickes Ambiente, aber viel auf schmackhafte Gerichte legen.

Anfahrt: Über die A 7 bis Tarp, dann Richtung Sörup über die L 193 bis Großsolt. Dort links in die Straße Am Kirchberg.

Alte Schiffsgalerie

Flensburger Straße 17
24376 Kappeln
Kreis Schleswig-Flensburg
Tel. 04642/91150
Fax 04642/911544
www.alte-schiffsgalerie.de

Man glaubt es kaum, aber dieses Restaurant war kurz vor dem Untergang. In der Küche bestimmten Fertigprodukte den Speiseplan, das Ambiente gab sich vorwiegend grell, und die Gäste hatte langsam genug von dem, was sie geboten bekamen. Dann kam die Wandlung. Der prominente TV-Restauranttester Christian Rach nahm sich der Alten Schiffsgalerie an und entwickelte ein neues Konzept mit frischen Produkten und sauberem Handwerk.

Zwei Jahre nach der Radikalkur kam Rach Anfang 2011 zur Kontrolle, um zu sehen, ob die Ludwigs noch auf dem Pfad der Tugend sind. Der strenge Berater schaute sich um, sprach mit dem Küchenchef und seinen Eltern und ließ sich aus der aktuellen Karte einiges servieren. Sein Urteil: „Das ist ein Restaurant, wie ich es an der Küste erwarte." Entsprechend gut gelaunt speiste Christian Rach mit Genuss und lobte das Ambiente in dem originellen Landgasthof, der eine der größten privaten Schiffsmodellsammlungen Schleswig-Holsteins besitzt. Besonders schmeckten dem kritischen Tester die Fischgerichte aus der Ludwig-Küche. Kein Wunder, hat sich der geläuterte Koch es doch längst zur Pflicht gemacht, seine frischen Fische auf dem Kappelner Fischmarkt zu kaufen oder aber sich aus dem Fang eines Nebenerwerbfischers zu bedienen, der exklusiv für die Ludwigs aufs Wasser fährt. Viele Gründe also, selbst einmal die Alte Schiffsgalerie zu testen.

Anfahrt: Von Hamburg aus über die A 7 bis Schleswig/Schuby, dann über die B 201 nach Kappeln.

Geschäftsführer
Klaus Ludwig

Küchenchef
Markus Ludwig

Öffnungszeiten
tägl. warme Küche
11–21 Uhr, ab Ostern
11–22 Uhr

Dienstagabends keine
warme Küche!

Hauptgerichte
ab € 9,50

Spezialität des Hauses
frische gutbürgerliche
Küche

Plätze
ca. 35, 20 auf der
Terrasse

Zimmer
12, DZ ab € 70,– inkl.
Frühstück

Kreditkarten
EC-Karte, Mastercard,
Visa

Alte Schule

Hauptstraße 44
22962 Siek
Kreis Stormarn
Tel. 04107/877310
Fax 04107/8773119
www.alte-schule-siek.de

Besitzer/Inhaber
Familie Franke & Franze

Küchenchef
Kay Franze

Öffnungszeiten
Di–Fr 17–23 Uhr,
Sa, So u. feiertags
12–23 Uhr

Ruhetag
Montag

Hauptgerichte
ab € 17,50

Menüs
ab € 33,–

Plätze
90, 50 auf der Terrasse

Zimmer
19, ab € 72,– p. P.

Kreditkarten
EC-Karte, Amex,
Mastercard, Visa

Besonderheiten
Das Restaurant verfügt
über eine Schauküche
für Kochkurse und
Cheftables sowie über
eine Vinothek.

Der Name des imposanten Backsteingebäudes kommt nicht von ungefähr. Hier wurde von 1911 bis 1971 gepaukt. Fünfundzwanzig Jahre später übernahmen Ulrike und Hans-Ullrich Franke die Lehranstalt und verwandelten sie in einen Genusstempel. Seit einigen Jahren sind auch Tochter Julia und deren Lebenspartner Kay Franze ins Kollegium aufgenommen worden, und seither schwärmen selbst kritische Esser von dem Speiseangebot der nahe Hamburg gelegenen Ex-Schule.

Selbstbewusst werben die Frankes mit dem Slogan: „Feinste Küche zum Träumen und Genießen". Zu Recht! Denn sie erreichen Bestnoten mit Gerichten wie zum Beispiel Carpaccio vom rosa Thunfisch, Pestocremesüppchen mit sautierten Jakobsmuscheln oder rosa Lammrücken auf provenzalischem Bohneneintopf. Begleitet werden derartige Köstlichkeiten von anspruchsvollen Weinen, die in diesem Haus einen immer größer werdenden Stellenwert erreichen. So wurde im Jahr 2010 die eigene Vinothek eröffnet.

Da sich der Wein- und Speisegenuss in einem Ambiente von historisch geprägter Gemütlichkeit und dem Charme moderner Farbgebung abspielt, der Service so freundlich und souverän ist, dass man sich gut beraten und ebenso aufgehoben fühlt, kann man diesen Landgasthof allen Genuss-Suchern wärmstens empfehlen.

Anfahrt: A 1 bis Ahrensburg, dann der L 224 nach Siek folgen. Der Gasthof liegt direkt hinter der Sieker Kirche.

Am Heverstrom

Heverweg 14
25845 Nordstrand
Kreis Nordfriesland
Tel. 04842/8000
Fax 04842/7273
www.am-heverstrom.de

Auffällig sind die große Treppe und die lange Holzbrücke, die man hinter sich lassen muss, um das Gasthaus zu erreichen. Und auch wenn das Gebäude durch seine trutzige Erscheinung zunächst etwas abweisend wirkt, erwartet den Gast doch eine anheimelnde Atmosphäre. Ute und Frank Wauer übernahmen den lange geschlossenen Betrieb 1995, bauten um, richteten ein und eröffneten schließlich im Sommer 1996 ein Hotel-Restaurant, das ihre Freude an antiken Einrichtungsstücken ebenso wiedergibt wie die Lust, anderen einen behaglichen Aufenthalt zu gestalten.

Aus Frank Wauers Küche darf man frische Produkte erwarten. Sein Fleisch bezieht er von nordfriesischen Höfen und Deichen, und der Fisch hat ebenfalls keine weiten Wege zurückgelegt. Man serviert hier Scholle in vielen Variationen, führt allerlei Zubereitungsarten von Lamm auf der kleinen Karte und bietet hervorragendes Rinderfilet mit verschiedenen Beilagen an.

Anfahrt: Von Husum über die L 30 Richtung Hockensbüll/Schobüll, weiter nach Nordstrand. Bei Pohnshalligkoog links Richtung Süderhafen, dort rechts in den Heverweg.

Besitzer/Inhaber
Ute und Frank Wauer

Küchenchef
Frank Wauer

Öffnungszeiten
Saison ab 10 Uhr,
Nachsaison ab 17 Uhr,
Sa u. So ab 10 Uhr,
warme Küche 12–14 u.
18–21 Uhr

Ruhetag
Dienstag

Hauptgerichte
ab € 9,–

Spezialität des Hauses
Schweinelendchen
„Friesische Art"

Plätze
ca. 60 und ca. 50 auf
der Terrasse

Zimmer
11, DZ ab € 31,–

Kreditkarten
EC-Karte

Besonderheiten
am Seedeich, Meeres-
blick

An Dörpsdiek

Oberweg 4
24220 Techelsdorf
Kreis Rendsburg-Eckernförde
Tel. 04347/708600

Besitzer/Inhaber
Uwe Jöns

Küchenchefin
Gesche Jöns

Öffnungszeiten
Do–Di 11.30–13.30
Uhr u. 17–21.30 Uhr,
Sa ab 17 Uhr

Ruhetag
Mittwoch

Mittagstisch
ab € 6,–

Menüs
ab € 15,–

Spezialität des Hauses
Sauerfleisch „Holstei-
ner Art"

Plätze
25–30, 18 auf der
Terrasse, Saal für 65
Personen

Zimmer
2, DZ à € 60,– inkl.
Frühstück

Kreditkarten
EC-Karte

Besonderheiten
schöne Spazierwege in
der Umgebung

Seit vielen Jahren betreibt Uwe Jöns seine Gaststätte, die auf eine über 120-jährige, wechselvolle Geschichte zurückblicken kann. Unter anderem wurde der heute im Dorf und von vielen auswärtigen Gästen geschätzte Landgasthof in den 1930er Jahren durch einen Brand bis auf die Grundmauern zerstört. Er wurde wieder aufgebaut, und heute knüpfen die Jöns' mit gepflegter Behaglichkeit an die Geschichte des Hauses an. Diese wird durch die Verwendung traditioneller Rezepte immer wieder wach. An Dörpsdiek ist für seine üppigen Grünkohlessen ebenso bekannt, wie es auch wegen seiner feinen Spargelgerichte einen guten Ruf genießt. Jöns' Küchenmotto lautet: Je nach Jahreszeit und Frische wird nach den guten alten Rezepten gekocht. Und so gibt es Birnen, Bohnen und Speck, wenn die entsprechenden Früchte und Gemüse hier erntereif sind, also etwa im August. Ferner sind besonders die Wildgerichte zu empfehlen und – für die Freunde der deftigen Kost – Jöns' Kasseler mit Remouladensoße und Bratkartoffeln.

Anfahrt: Von Hamburg über die A 7 bis Bordesholm, auf die L 49 Richtung Reesdorf. Dort in die Dorfstraße Richtung Techelsdorf.

Andresens Gasthof

Dörpstraat 63 / An der B 5
25842 West-Bargum
Kreis Nordfriesland
Tel. 04672/1098
Fax 04672/1099
www.andresensgasthof.de

Das einladend wirkende Friesenhaus an der B 5, der Strecke von Hamburg nach Sylt, hat längst norddeutsche Gourmet-Geschichte geschrieben. Als noch kein Restaurant im hohen Norden einen Stern erkocht hatte, war es Andresens Gasthof, den der Michelin in den 1970er Jahren mit einem der begehrten Sterne auszeichnete. In den letzten Jahren hat natürlich auch dieser Gasthof Veränderungen in der Küche erlebt, aber dennoch hat es die Patronin des Gasthofs, Elke Andresen, immer wieder geschafft, junge Köche in die entlegene Nordregion zu verpflichten, die in der Lage waren, die Küche auf hohem Niveau zu halten.

Mit Eike Rakoschek steht wieder ein junges Talent am Herd des legendären Landgasthofs. Seine Erfahrungen konnte Rakoschek unter anderem bei Sterneköchen wie Dirk Luther sammeln. In Bargum zeigt er vor allem im Umgang mit regionalen Produkten sein beachtliches Können. Handwerkliches Vermögen und ein kreativ-sorgsamer Umgang mit Aromen lassen so feine Kompositionen entstehen, für die sich ein Umweg in diesen elegant-behaglichen Landgasthof allemal lohnt! Der besondere Charme der Patronin ist für all diejenigen, die Andresens Gasthof schon länger kennen, ein weiterer Grund, das Genuss-Haus zu besuchen. Auch ohne auf dem Weg nach Sylt zu sein.

Anfahrt: Von Husum über die B 5 Richtung Bredstedt und weiter nach Bargum. Der Gasthof liegt direkt an der B 5.

Besitzerin/Inhaberin
Elke Andresen

Küchenchef
Eike Rakoschek

Öffnungszeiten
Mi–So 18–21 Uhr,
Fr–So 12–13.30 Uhr

Ruhetage
Montag, Dienstag

Reservierung
dringend erforderlich

Hauptgerichte
ab € 18,–

Menüs
von € 28,– bis € 48,–

Spezialität des Hauses
Lamm- und Fisch-
gerichte

Plätze
60

Zimmer
5, DZ ab € 70,–

Kreditkarten
EC-Karte, Mastercard

Besonderheiten
breites Angebot guter
Weine

Antik-Hof Bissee

Eiderstraße 13
24582 Bissee
Kreis Rendsburg-Eckernförde
Tel. 04322/2500
Fax 04322/1399
www.antikhof-bissee.de

Besitzerin/Inhaberin
Renate Stamer

Geschäftsführer
Dieter Mengel

Küchenchef
Carsten Ott

Öffnungszeiten
Di–Fr ab 18 Uhr,
Sa u. So ab 12 Uhr
Mai–Okt.:
Di–So ab 12 Uhr

Ruhetag
Montag

Hauptgerichte
ab € 11,90

Mittagstisch
ab € 9,–

Spezialität des Hauses
Wildgerichte mit Wild
aus hiesiger Jagd,
frische Regionalküche,
Bioland-Menüs

Plätze
200, 120 im Kaffee-
garten

Der Antik-Hof liegt in reizvoller Umgebung. Im Haus von Renate Stamer, das auf eine über 500-jährige Geschichte verweisen kann, wird nicht nur gepflegte Gastronomie geboten, sondern auch ein besonderes Wohnschauerlebnis. Ganz in der Nähe des imposanten, 1714 erbauten Torhauses von Gut Bothkamp bietet der Antik-Hof eine erlesene Auswahl an Antiquitäten, die man vor oder nach den Menüs anschauen und erwerben kann. Ursprünglich gaben die alten Möbel den Anlass, den Antik-Hof 1973 in dem ehemals landwirtschaftlich genutzten Gebäude zu eröffnen. Die Bewirtung sollte als Nebenerwerb betrieben werden. Doch die Kochkunst im gastlichen Haus – man isst bei Kaminfeuer im ehemaligen Kuhstall – lockte so viele Freunde der guten Küche in den etwas entlegenen Hof, dass das lukullische Angebot zur zweiten Hauptsache wurde.

Kein Wunder, denn wenn Küchenchef Carsten Ott seine saisonalen und regionalen Gerichte serviert, weiß man, warum viele Besseresser gern den Weg fahren oder hier ihre Familienfeiern veranstalten. Hausgemachtes Sauerfleisch, Bisseer Pfannfisch oder Bisseer Kartoffelsuppe sind zwar nur einige Auszüge aus der Karte, aber allesamt so unverfälscht landestypisch zubereitet, dass allein sie den Besuch lohnen würden.

Und auch wer „nur" eine Tasse Kaffee und ein schönes Stück Kuchen genießen möchte, ist hier gut aufgehoben.

Anfahrt: B 404 Bad Segeberg–Kiel, in Höhe Nettelsee Richtung Groß Buchwald abbiegen. Dort rechts Richtung Bissee.

Kreditkarte
EC-Karte

Besonderheiten
naturnahe Lage am Bothkamper See, Treffpunkt für Antiquitätenliebhaber und Kunstfreunde, Hofladen, Gartenhaus

Bärenkrug

Hamburger Chaussee 10
24113 Molfsee
Kreis Rendsburg-Eckernförde
Tel. 04347/71200
Fax 04347/712013
www.baerenkrug.de

Besitzer/Inhaber
Fam. Sierks

Küchenchef
Ulf Sierks

Öffnungszeiten
12–14.30 u.
18–22 Uhr

Ruhetage
Sonntagabend,
Mittwochmittag

Reservierung
erwünscht

Hauptgerichte
ab € 9,80

Mittagstisch/Stammessen
ab € 8,50

Spezialität des Hauses
frische, verfeinerte
Regional-Küche z. B.
hausgemachte Wild-
bratwürstchen auf Wir-
sing à la Crème und
Dampfkartoffeln, selbst
gebackener Kuchen

Plätze
120 im Restaurant,
100 im Hofgarten

Wenn man den Bärenkrug betritt, ist man angenehm überrascht. Gelegen an der viel befahrenen Hamburger Chaussee, hat sich das behagliche Haus im wahrsten Sinne des Wortes eine innere Ruhe bewahrt. Sie ist es auch, die unter anderem die Gewähr für einen genussvollen Aufenthalt in diesem Landgasthof bietet.

Seit 1919 wird das Hotel-Restaurant von der Familie Sierks geführt, die im Laufe der Jahre stetig den Anspruch und die Qualität des seit dem 17. Jahrhundert existierenden Hauses gesteigert hat. So erwarten den Gast im Bärenkrug nicht nur individuell eingerichtete Zimmer und stilvoll gestaltete Galerie, sondern auch eine Küche, die so schmackhaft und kreativ ist, dass hier mancher Gerne-Esser ins Schwärmen gerät.

Ulf Sierks hat als Küchenchef zunächst seine Erfahrungen in Sternerestaurants gemacht, bevor er im elterlichen Hof das Küchenzepter übernahm. Für seine feinen Regionalrezepte loben ihn die Restaurantführer und seine Gäste. Die kommen immer wieder, um beispielsweise im Winter bei Sierks Gans zu essen, im Herbst seine bodenständigen Wildgerichte und im Frühjahr und Sommer die Leichtigkeit seiner Küche auszukosten, die natürlich auch weiß, wie man mit Kräutern, Ölen und Aromen umgeht, um ein klein wenig südliches Flair in das deutliche Bekenntnis zur Holsteiner Kost zu bringen. Dabei bleibt der Bärenkrug von herzerfrischender Unbekümmertheit, versucht nicht, durch modisches Styling den kulinarischen Ehrgeiz zu vermarkten, sondern lädt mit Matjes-

Spezialitäten, selbstgemachten Würsten, herz-
haften Suppen, gut gerundeten Soßen,
knackigen Salaten und punktgenau gegarten
Fisch- und Fleischgerichten zum opulenten
Schlemmen ein. Schon bei den intensiv duften-
den Consommés schmeckt man die Frische,
ahnt den Aufwand und den Ehrgeiz dieses Landhauses und seiner Betreiber, mit ihrem Gasthof
Maßstäbe für die Region zu setzen. Ach, wenn
sich daran doch nur einige messen würden …

Anfahrt: Von Süden kommend über die A 7 bis
zum Bordesholmer Dreieck, dort auf die A 215
Richtung Kiel. Dann die erste Abfahrt Blumenthal nehmen, ca. 5 km der B 4 Richtung Molfsee (Freilichtmuseum) folgen. Der Bärenkrug
liegt direkt an der B 4, der auch die Autofahrer
aus dem Norden folgen.

Zimmer
39
DZ ab € 115,–
EZ ab € 72,–

Kreditkarten
**EC-Karte, Mastercard,
Visa**

Besonderheiten
**ältestes Gasthaus an
der alten Strecke Kiel–
Hamburg, wurde als
Gasthaus vor gut 400
Jahren erstmals
erwähnt**

Gourmet-Tipp, schönes Ambiente

Beckmanns Gasthof

Dorfstraße 16
24239 Achterwehr
Kreis Rendsburg-Eckernförde
Tel. 04340/4351
Fax 04340/4383
www.beckmanns-gasthof.de

Besitzer/Inhaber
Klaus Ismer

Küchenchef
Klaus Ismer

Öffnungszeiten
Mi–Sa ab 17 Uhr,
So ab 12 Uhr

Ruhetage
Montag, Dienstag

Reservierung
erwünscht

Hauptgerichte
ab € 6,–

Spezialität des Hauses
Aal in Gelee, Krebse
und Karpfen aus eige-
ner Zucht

Plätze
60, 20 auf der Terrasse

Zimmer
8, DZ à € 80,–, EZ à
€ 50,–, inkl. Frühstück

Kreditkarten
EC-Karte, Mastercard,
Visa

Besonderheiten
gute Radfahrmöglich-
keiten am Ahren- und
Westensee

Der herrlich mit Wein bewachsene, stattliche Gasthof gehört zu den schönsten Landgasthöfen Schleswig-Holsteins. Patron Klaus Ismer ist in den Jahrzehnten, die er jetzt das Haus besitzt, nie müde geworden, es durch neue Ideen und Investitionen attraktiv zu halten.

Der engagierte Küchenchef legt dabei auch gro-ßen Wert auf ein hochwertiges Angebot an Spei-sen und Getränken. In seiner nach modernsten Erkenntnissen ausgestatteten Küche (die man auch besichtigen darf) werden vor allem hol-steinische Spezialitäten zubereitet. Holsteiner frische Suppe oder Fliederbeersuppe, Rehbraten, Wildschwein, feinste Rinderroulade, Lammkeule, Dorsch, Sauerfleisch mit Bratkartoffeln und zum Nachtisch Großer Hans mit Kirschen oder Rote Grütze mit Holunderblütensorbet sind nur einige Beispiele für die fein gemachte Regionalküche in Beckmanns Gasthof.

Ismer gehört schon lange zu den Verfechtern einer Küche, die sich auf die Produkte der Region besinnt. Er weiß deshalb, wo es gutes Fleisch, frischen Fisch und bestes Gemüse gibt. Mit seinen gastfreundlich kalkulierten Preisen wird der Abend im gemütlichen Kaminzimmer zum wahren Genuss.

Dass dabei auch noch die Weinauswahl ganz be-achtlich ist, rundet das Bild dieses stilvoll einge-richteten und behaglichen Landgasthofs perfekt ab. Kurzum: Hier muss man mal gewesen sein!

Anfahrt: Achterwehr liegt am Westensee nahe Kiel. A 210 Richtung Kiel–Rendsburg, Abfahrt Achterwehr.

Schönes Ambiente

Bergers Hotel und Landgasthof

Dorfstraße 28
25917 Enge-Sande
Kreis Nordfriesland
Tel. 04662/3190; Fax 04662/3195
www.bergers-landgasthof.de

Uwe Berger, der 1991 gemeinsam mit seiner Frau Susanne das Traditionshaus übernahm, genießt auch bei den Einheimischen einen guten Ruf. Er verdient ihn mit seiner feinen regionalen Küche, die sich in erster Linie durch Fischgerichte auszeichnet. Mittelpunkt des seit 1867 bestehenden Gasthofs ist „De ole Stuuv", die den Charme des historischen Hauses ausmacht. Die schwere alte Holzdecke, das gediegene Mobiliar und die stilvoll eingedeckten und mit frischem Blumenschmuck dekorierten Tische geben dem Raum ein ländlich elegantes Gepräge. In „De ole Stuuv" serviert Susanne Berger mit ihren freundlichen Servicekräften die Köstlichkeiten der saisonal ausgerichteten Küche ihres Mannes. Schon die Vorspeisen von Uwe Berger, wie Gartensalat mit gebratenen Wachteln oder Kaninchenrücken auf Knödel, überzeugen durch feine Würze und gelungene Präsentation. Für den großen Hunger gibt es das Friesenmenü mit hausgemachter Krabbensuppe, gebratener Nordseescholle und als Abschluss einen Pharisäer.

Anfahrt: Enge-Sande liegt bei Bredstedt. B 5 Heide–Niebüll, von Süden kommend 13 km hinter Bredstedt rechts Richtung Enge-Sande abbiegen. Von Norden 1 km hinter Stedesand links abbiegen Richtung A 7, von hier noch ca. 2 km auf der Enger Straße.

Besitzer/Inhaber
Uwe und Susanne Berger

Küchenchef
Uwe Berger

Öffnungszeiten
Di–Sa 9–13 u.
ab 18 Uhr,
So 9–14 u. ab 18 Uhr

Ruhetag
Montag

Hauptgerichte
ab € 14,–

Menüs
ab € 25,–

Spezialität des Hauses
Fisch, Lamm

Plätze
2 Restaurants à 40,
80 auf der Terrasse,
Festsaal bis 240

Zimmer
7, ab € 35,– p. P.

Kreditkarten
EC-Karte, Mastercard, Visa

Brauer's Aalkate

Schirnauer See 5
24790 Rade
Kreis Rendsburg-Eckernförde
Tel. 04331/91561
www.brauers-aalkate.de

Besitzer
Gerda Brauer

Öffnungszeiten
Mo–Sa 11–14, 18–21
Uhr
So u. feiertags 11–21
Uhr
1. Mai–30. Sept.:
tägl. 11–21 Uhr

Ruhetage
1. Okt.–14. März:
Montag, Dienstag

Hauptgerichte
ab € 7,30

Spezialität des Hauses
deftige Fischgerichte
saisonal abhängig bzw.
„je nach Fang"

Plätze
80, ca. 60 auf der
Terrasse

Ferienwohnungen
4, ab € 40,–

Kreditkarten
EC-Karte

Besonderheiten
Lage direkt am Nord-
Ostsee-Kanal

Schon die Lage direkt am Nord-Ostsee-Kanal macht einen Besuch in Brauer's Aalkate zum Muss. Schlicht mit ein bisschen Fischer-Ambiente ist das Restaurant in dem kleinen Backsteinhäuschen ausgestattet, auf der Terrasse übersieht man das Plastikmobiliar, weil der Blick auf die vorbeifahrenden Containerschiffe, Jachten und anderen Pötte die ganze Aufmerksamkeit bannt. Überhaupt sind es andere Qualitäten, die in dieser Kate zählen. Brauers blicken auf eine bewegte und stolz machende Familiengeschichte als Fischer zurück. Wer sich bei ihnen an den Tisch setzt, darf einen herzlichen Service und bodenständig zubereitete Fischgerichte erwarten, die vor allem deshalb so lecker schmecken, weil sie fangfrisch zubereitet werden.

Ob Stint, Hering, Forelle, Zander, Scholle oder natürlich Aal, wenn Brauers dies auf der Tageskarte anbieten, sollte man nicht zögern. In der Küche steht nicht ein gelernter Koch, sondern ein Team von erfahrenen Frauen, die genau wissen, was echte Hausmannskost ist. Sie wissen auch, dass nicht jedermann Fisch isst. Auch solche Gäste dürfen sich willkommen fühlen und auf einer Extrakarte zwischen Sauerfleisch mit Bratkartoffeln über Spiegeleier bis hin zur Schnitzelpfanne wählen. Und weil sich tagsüber viel auf dem Kanal bewegt, kann man bei den Brauers ab 9 Uhr auch frühstücken.

Anfahrt: A 7 bis Rendsburg, dann A 210 Richtung Rendsburg-Mitte. Abfahrt Schacht-Audorf und Richtung Schülldorf. Ab Schacht-Audorf Richtung Rade, die Aalkate ist ausgeschildert.

Gourmet-Tipp

Brechtmann

**Hackendohrredder 9
23684 Schürsdorf
Kreis Ostholstein
Tel. 04524/9952
Fax 04524/1696
www.brechtmann.de**

Klaus Brechtmann und seine Frau haben sich mit ihrem behaglichen Gasthof einen hervorragend Ruf als kulinarische Adresse erarbeitet. Gelungen ist ihnen das mit einer Spezialität: Krosse Ente in vielen Variationen. Ob ofenknusprige Entenkeule auf Bühler Zwetschen und Kartoffelklöße, die halbe Ente mit Äpfeln und Rosinen gefüllt oder mit Calvadossoße, Rösti und Salat – bei Brechtmann wird ein schlichtes Entengericht zum variantenreichen Genusserlebnis.

War bisher das Angebot schon gut, wurde es doch auch ständig weiterentwickelt, ist Brechtmann eine unvermutete Oase für Genießer geworden.

So gibt es immer noch die köstliche Ente, aber die Karte offeriert auch ein gratiniertes Rinderfilet mit Rotweinsoße oder im Gemüsesud gegartes Zanderfilet mit Roter Bete. Mediterrane und asiatische Kochkünste finden im Brechtmann so ihren moderaten Einfluss.

Wichtiger noch als diese neuen Akzente ist das handwerkliche Können, mit dem Brechtmann arbeitet, und die Frische der Produkte. So kommen seine Enten aus einer regionalen Freilandhaltung, bei der sich Brechtmann auf die vereinbarten Qualitäten verlassen kann. Qualität zeigt auch die wohlsortierte Weinkarte.

Anfahrt: Schürsdorf liegt bei Scharbeutz. A 1 Lübeck–Neustadt, Abfahrt Scharbeutz/Pansdorf. Der Ausschilderung Scharbeutz folgen und an der ersten Kreuzung links nach Schürsdorf abbiegen.

Besitzer/Inhaber
Klaus Brechtmann

Küchenchef
Klaus Brechtmann

Öffnungszeiten
**März bis Jan.:
11–14.30 Uhr u.
17.30–22.30 Uhr**

Ruhetag
Dienstag

Hauptgerichte
ab € 10,–

Mittagstisch
ab € 10,–

Spezialität des Hauses
ofenknusprige Flugenten

Plätze
80, 40 auf der Terrasse

Kreditkarten
EC-Karte, Mastercard, Visa

Besonderheiten
reizvolle Umgebung, Wintergarten

Dat ole Aalhus
Hauptstraße 39a
23769 Landkirchen/Fehmarn
Kreis Ostholstein
Tel. 04371/9199
Fax 04371/2941
www.aalhus.de

Inhaber
Fam. Rilke u. Manfred Dierkes

Küchenchef
Manfred Dierkes

Öffnungszeiten
Küche Di–So ab 17 Uhr

Ruhetag
Montag (in der Hauptsaison kein Ruhetag)

Hauptgerichte
ab € 9,50

Spezialität des Hauses
Fischgerichte, z. B. überbackenes Zanderfilet

Plätze
85, 30 auf der Terrasse

Kreditkarten
EC-Karte

Direkt an der Hauptstraße in Landkirchen steht das Aalhus. Ein imposantes, reetgedecktes Fachwerkhaus, das sehr einladend wirkt. Hier sorgen Familie Rilke und Manfred Dierkes in Service und Küche für einen Aufenthalt, der vor allem Fischfreunde immer wieder den Weg nach Landkirchen finden lässt. Mit den Spezialitäten des Hauses wie Aalhus-Fischteller, Aal in Sauer oder Aal frisch aus dem Rauch wird der Landgasthof seinem Namen gerecht. Manfred Dierkes will aber nicht nur Fisch wie viele andere bieten, sondern spezielle Kreationen wie sein Aalhus-Schlemmerfilet, das mit duftendem Kartoffelgratin serviert wird und ein Grund für viele Gäste ist, hier immer wieder einzukehren. Ein anderer ist die Mühe, die Dierkes sich macht, wenn es darum geht, Fisch leicht essbar auf den Tisch zu bringen: Er entgrätet alle Fische! Wem das denn doch zu viel Fisch ist, dem bietet das 1822 als Scheune erbaute Haus auch einige liebevoll und schmackhaft zubereitete Fleischgerichte wie Sauerfleisch und Steakpfanne.

Anfahrt: Auf Fehmarn in Richtung Landkirchen, der Landgasthof liegt direkt an der Hauptstraße.

Dörps-Krog
Alte Dorfstraße 17
24306 Rathjensdorf
Kreis Plön
Tel. 04522/2615
Fax 04522/4897
www.doerpskrog-rathjensdorf.de

Entstanden ist der Dörps-Krog wie viele alte Landgasthöfe als Stuben-Ausschank. Hier hielten die Bauern, um ihre Pferde zu tränken und sich selbst zu stärken. Wie in alten Tagen schnackt man im Dörps-Krog gern Platt. Natürlich sprechen die Lindemanns, deren schönes Reetdachhaus seit 1951 in Familienbesitz ist, auch Hochdeutsch. Verbundenheit mit der Heimat drückt sich in dem Krog nicht nur durch die Sprache, sondern vor allem natürlich durch die Küche aus. Holsteiner Gerichte sind die Spezialität des Hauses, das je nach Jahreszeit Birnen, Bohnen und Speck, Mehlbüddel, Grünkohl, Schwarzsauer oder andere norddeutsche Gaumenfreuden auf seiner Karte führt, außerdem eine Vielzahl von großen und kleinen Leckereien. So verlocken etwa gebratener Fleischkäse mit Spiegelei und Bratkartoffeln, gedünstetes Dorschfilet mit Senfsoße oder Gänsekeule in Sauer.

Anfahrt: Rathjensdorf liegt 5 km nördlich von Plön. B 430 Plön–Lütjenburg, die Abzweigung L 53 Richtung Rixdorf nehmen, dann nach links in die Alte Dorfstraße.

Besitzer/Inhaber
Karsten Lindemann

Küchenchef
Karsten Lindemann

Öffnungszeiten
Küche 11.30–14 Uhr u. 17.30–21 Uhr

Ruhetag
Montag

Hauptgerichte
ab € 5,40

Mittagstisch
ab € 6,50

Spezialität des Hauses
Holsteiner Spezialitäten

Plätze
120 innen, 50 auf der Kaffee-Terrasse

Zimmer
12, ab € 21,–

Kreditkarten
EC-Karte, Mastercard, Visa

Besonderheiten
großer Park mit Fischerhütte für besondere Veranstaltungen

Schönes Ambiente

Drathenhof

Hamburger Landstraße 99
24113 Molfsee
Kreis Rendsburg-Eckernförde
Tel. 0431/650889
Fax 0431/650723
www.drathenhof.de

Besitzer/Inhaber
Peter Brassel

Küchenchef
Peter Brassel

Öffnungszeiten
Di–So ab 10 Uhr

Ruhetage
Montag, Sonntagabend

Hauptgerichte
ab € 7,50

Mittagstisch
ab € 7,50

Spezialität des Hauses
landestypische Gerich-
te, z. B. Gänsekeule
Holsteiner Art

Plätze
150, auf der Terrasse
50

Kreditkarten
EC-Karte, Mastercard,
Visa

Besonderheiten
historisches Gebäude

Wer in Kiel oder Umgebung ein größeres Fest plant und damit seinen Gästen zeigen will, dass er das Besondere liebt, der wählt den Drathenhof. Schon die Geschichte des imposanten Gebäudes macht Eindruck: Ursprünglich stand der Drathenhof nicht in Molfsee bei Kiel, sondern nahe dem Dorf Kolmar an der Unterelbe. 1968 wurde der Hof abgetragen und in Molfsee wieder aufgebaut. Dort befindet sich das Schleswig-Holsteinische Freilichtmuseum, dessen Ziel es ist, mit historischen Bauten aus dem ganzen Land die Geschichte der vergangenen Agrarkultur lebendig und anschaulich zu dokumentieren. Der Drathenhof ist deshalb für viele Besucher des Freilichtmuseums entweder Ziel oder Beginn eines Spaziergangs über das weitläufige Museumsgelände. Eine lohnende Station ist der schöne Landgasthof mit seinen unterschiedlichen Stuben auf jeden Fall. Peter Brassel und sein Team fühlen sich nicht nur der Historie des Hauses verpflichtet, was sich in Möblierung und Dekorierung zeigt, sondern auch ihre Küche ist traditionell ausgerichtet. Hier isst man zum Beispiel gefüllte Rippe mit Backobst, Scholle mit Schinkenspeck, Aal in Sauer, Birnen, Bohnen und Speck, Gänsekeule süß-sauer, Damhirschsteak in Wacholderrahmsoße oder Hasenfilet in Steinpilzsoße, um nur einige gelungene Gaumenfreuden aus der reichhaltigen Speisekarte des Drathenhofs zu nennen.

Anfahrt: Molfsee liegt direkt an der B 4 zwischen Kiel und Neumünster. Der Drathenhof grenzt ans Freilichtmuseum Molfsee.

épinard

Kreisstraße 13
24857 Borgwedel
Kreis Schleswig-Flensburg
Tel. 04354/996356
Fax 04354/996357
www.epinard.de

Hier hängt der Himmel nicht nur voller Geigen. Im épinard (französisch für Spinat) hängen alle möglichen Instrumente von der Decke der sehr gemütlichen Gaststube. Musik spielt in dem mit antikem, bequemem Mobiliar eingerichteten Landgasthof eine wichtige Rolle. Kleine Konzerte und Lesungen gehören zum festen Programm in dem abseits liegenden Haus an der Schlei, das wie eine angesagte Kulturkneipe für Studenten wirkt.

Unkompliziert, aber genauso anspruchsvoll wie das kulturelle Angebot, sind Speisekarte und Getränke. Überraschend die ideenreiche Auswahl an leckeren Tapas, frisch und kreativ die Angebote der warmen Küche. Gern wird hier alles mit Käse überbacken. Doch wer das nicht mag, findet auf der Frischekarte von Küchenchef Horst Hinrichs einiges an Fisch-, Fleisch- und Gemüseangeboten. Und schließlich ist der Name des originellen Hauses Programm: Spinat. Auch der kommt gern in Kombination mit Fisch und Fleisch. Dass der Küchenchef sein Lieblingsgemüse perfekt auf den Teller bringt, darf hier nicht überraschen.

Anfahrt: Von der B 76 nach Güby abbiegen, in der Ortsmitte weiter Richtung Borgwedel. Am Golfplatz vorbei und an der nächsten T-Kreuzung nach links. Nach ca. 100 m liegt rechts das épinard.

Besitzer/Inhaber
Ursula Köhler, Horst Hinrichs

Küchenchef
Horst Hinrichs

Öffnungszeiten
Mi–So ab 17.30 Uhr

Ruhetage
Montag, Dienstag

Reservierung
erforderlich

Hauptgerichte
ab € 11,–

Menüs
ab € 30,– (mit Vorbestellung)

Spezialität des Hauses
Tapas, frische Küche

Plätze
35, 25 auf der Terrasse

Karten
EC-Karte

Besonderheiten
im Winter mittwochabends Lesungen

Gourmet-Tipp, schönes Ambiente

Fährhaus Beidenfleth

An der Fähre 3
25573 Beidenfleth
Kreis Steinburg
Tel. 04829/348
Fax 04829/344
www.faehrhaus-beidenfleth.de

Besitzer/Inhaber
Ute und Günther
Behrens

Küchenchefin
Ute Behrens

Öffnungszeiten
Do, Fr, Sa ab 18 Uhr,
So ab 12 Uhr

Ruhetage
Montag–Mittwoch

Überraschungsmenüs
ab € 39,50

Plätze
50 und 50 auf der
Terrasse

Zimmer
5 Suiten ab € 130,–

Kreditkarten
EC-Karte

Direkt an der Stör, erreichbar über den Landweg, aber auch zu Wasser, liegt das prächtige Landhaus der Familie Behrens. Ihre Liebe zu guten Weinen dokumentieren die Besitzer des hübschen Gasthofs nicht nur auf der Karte, sondern auch durch die Namensgebung ihrer fünf luxuriös ausgestatteten Hotelzimmer. Da kann man in den Suiten „Cheval Blanc", „Latour", „Petrus", „Margaux" oder „Lafite" nächtigen und sich in den individuell eingerichteten Unterkünften wohlfühlen. Aber auch, wer im Fährhaus nicht über Nacht bleiben kann, wird schnell von dem ländlich behaglichen Ambiente in Ferienstimmung versetzt.

Die anspruchsvolle Küche verwöhnt mit einem selbstbewussten Angebot, denn man isst, was auf den Tisch kommt. Bei den Behrens drückt man es freundlicher aus: „Lassen Sie sich überraschen! Wir machen bereits seit mehr als einem Jahr nur noch Überraschungsmenüs. Wir verarbeiten nur frische Produkte und wir fragen an jedem Tisch, ob irgendjemand etwas nicht mag oder eine Allergie hat. Wir drohen aber schon jetzt mit Hochgenuss."

Anfahrt: Auf der A 23 Richtung Itzehoe. Abfahrt Itzehoe West in Richtung Brunsbüttel/Wilster. Auf der B 5 bis zur Abfahrt Wilster/Brokdorf, dort in Richtung Beidenfleth fahren. Am Ortsschild in Richtung Fähre orientieren. Das Fährhaus liegt direkt an der Stör.

Gourmet-Tipp

Fissauer Fährhaus
**Leonhard-Boldt-Straße 8
23701 Eutin
Kreis Ostholstein
Tel. 04521/2383
Fax 04521/73881
www.fissauer-fährhaus.de**

In Schleswig-Holstein gibt es einige Namen von Köchen, die seit fast 30 Jahren für eine gute Küche stehen, egal, in welchem Restaurant sie kochen. Eine dieser Ausnahmeerscheinungen ist Hartmut Boll. Nach seiner Selbstständigkeit hat sich der eigentlich schon im Rentenalter angekommene Küchenmeister noch einmal überreden lassen, sich an den Herd zu stellen. Und der steht im Fissauer Fährhaus am mächtigen und reizvollen Kellersee. Während man in dem gemütlichen, von dunklen Holztönen dominierten Speiseraum den Blick über den scheinbar grenzenlosen See schweifen lässt, bereitet Boll mit seinem Team die regionalen Spezialitäten vor. Es sind bodenständige, saisonal geprägte Gerichte wie gebratener oder pochierter Kellersee-Aal auf Gurkengemüse, dazu Petersilienkartoffeln (19,– €) oder Holsteiner Spiegelkarpfen „blau" mit frischem Meerrettich, zerlassener Butter und Hassendorfer Kartoffeln (14,50 €). Klassiker auf der Karte sind das hausgemachte Sauerfleisch mit knackfrischen Salaten der Saison und krossen Bratkartoffeln (9,50 €) sowie das Wiener Schnitzel vom Kalbsrücken mit Gurkensalat und Bratkartoffeln (18,50 €). Die kleine Weinkarte mit bewährten Namen und fairen Preisen rundet das kulinarische Angebot perfekt ab. Danach lockt der Kellersee zu einem ausgiebigen Spaziergang.

Anfahrt: Auf der B 76 von Lübeck oder Kiel kommend Ausfahrt Eutin/Malente in Richtung Malente nehmen. Nach der zweiten Ampel ist die erste Straße rechts die Leonhard-Boldt-Straße.

Besitzer/Inhaber
Vitaparc AG

Küchenchefs
**Hans Brümmer und
Hartmut Boll**

Öffnungszeiten
Mo–So 12–22 Uhr

Hauptgerichte
ab € 12,–

Mittagstisch
ab € 9,50

Menüs
ab € 16,–

Spezialität des Hauses
**Fischspezialitäten aus
hiesigen Gewässern
(Aal, Hecht, Maräne)**

Plätze
**120, 80 auf der
Terrasse**

Zimmer
**44, ab € 40,– p. P.
(Hotel Seeschloss am
Kellersee)**

Kreditkarten
**EC-Karte, Mastercard,
Visa**

29

Forsthaus Hessenstein

24321 Panker
Kreis Plön
Tel. 04381/9416
Fax 04381/418943
www.gut-panker.de/forsthaushessenstein.php

Besitzer/Inhaber
Peter Marxen

Küchenchef
Werner Kohut

Öffnungszeiten
**Di–Fr ab 18 Uhr, Sa ab
14 Uhr, So 12–23 Uhr**

Ruhetage
**Montag (Nov.–März nur
Fr–So geöffnet)**

Reservierung
erforderlich

Hauptgerichte
ab € 12,–

Menüs
ab € 32,–

Plätze
60, 40 auf der Terrasse

Kreditkarte
EC-Karte

Besonderheiten
**Waldrandlage, Blick auf
die Ostsee bis Däne-
mark**

Entspannt, witzig und hintersinnig – so sind die „Tafelspitzen" von Ernst Kahl. Die legendäre Satiremalerei des Hamburger Künstlers mit Wohnsitz in Nordfriesland kann man an keinem Ort so unmittelbar betrachten und genießen wie in Peter Marxens Hessenstein. Kahl und Marxen sind seit Jahren befreundet, sie verbindet ihr Humor ebenso wie grundsätzliche Qualitätsansprüche. Kahl hat sie an die Malerei, Marxen an die Gastronomie und besonders an die Küche. Die lässt sich im Forsthaus Hessenstein auch nur loben: Sie präsentiert nicht nur Sauerfleisch mit Bratkartoffeln – ein vorzügliches Gericht in diesem Haus –, nein, Werner Kohut und seine Mannschaft können auch ganz fein aufkochen. Jede Woche bietet die Küchencrew ein neues abwechslungsreiches Drei-Gänge-Menü mit wohlgeratenen, weil punktgenau gegarten und ausbalanciert gewürzten Gerichten.

Das Ambiente rundet den Genuss ab: Hoch gelegen, nicht ganz leicht zu finden und reizvoll von einem Aussichtsturm beschattet, das ist das Forsthaus Hessenstein, das man über einen holprigen Weg erreicht. Mit ausgeprägtem Gespür für Atmosphäre hat Peter Marxen die rustikal gehaltenen Räume farbig gestaltet.

Anfahrt: Auf der B 202 Kiel–Puttgarden nach Lütjenburg. Im Ort den Hinweisschildern nach Panker folgen.

Forsthaus Seebergen

Seebergen 9–15
22952 Lütjensee
Kreis Stormarn
Tel. 04154/79290
Fax 04154/70645
www.forsthaus-seebergen.de

Manchmal sind es die Leser, die mit ihren Tipps das Buch bereichern. So war es bei dem Forsthaus Seebergen, das uns von eifrigen Nutzern unseres Landgasthofführers sehr empfohlen wurde. Danke!

Das romantische Haus der Familie Genke am Rande des Forstes Bergen erwartet seine Gäste mit einem ansprechenden ländlichen Ambiente und einer beachtenswerten Speisekarte. Ganz der Geschichte des Hauses und seiner Lage verpflichtet, versteht man sich sehr gut auf Wildgerichte. Rehfiletspitzen in Pfifferlingrahmsoße und Spätzle (25,– €) oder der zart gegarte Rehrücken (ab zwei Personen, 33,50 €) mit jahreszeitlichen Beilagen sind ein wahrer Genuss. Da längst nicht alle gern Wild essen, hat man auch einiges für Fisch- und Fleischfans zu bieten, etwa frischen Aal in Dillsauce (22,75 €) oder gebratenes Zanderfilet auf bunten Linsen (19,25 €).

Ansonsten reicht das Angebot von Suppen wie der Holsteiner Kartoffelsuppe mit Nordseekrabben (7,50 €) zum Wiener Schnitzel (19,50 €), über das Lammrückenfilet mit Kräuterbutter (19,75 €) bis zur Hähnchenbrust im Chipsmantel (12,50 €).

Anfahrt: Über die A 24 bis Schwarzenbek/Grande oder die A 1 bis Ahrensburg. Dann der B 404 Richtung Trittau/Lütjensee folgen. In Lütjensee in die Straße Deepenstegen abbiegen, bei der Gabelung links halten und nach ca. 150 m links in die Straße Seebergen abbiegen.

Besitzer/Inhaber
Familie Genke

Küchenchef
Herr Heidrich

Öffnungszeiten:
tägl. von 12–21.30 Uhr
warme Küche

Hauptgerichte
ab € 15,–

Menüs
ab € 26,–

Spezialität des Hauses
Rehrücken mit frischen
Pilzen der Saison

Plätze
120 und 120 auf der
Terrasse

Zimmer
32, ab € 48,–

Kreditkarten
EC-Karte, Mastercard,
Visa

Gourmet-Tipp, schönes Ambiente

Gardels' Restaurant im Landhaus Gardels

Westerstraße 15–19
25693 Sankt Michaelisdonn
Kreis Dithmarschen
Tel. 04853/8030, Fax 04853/803183
www.landhaus-gardels.de

Besitzer/Inhaber
Jan Peters

Küchenchef
Marc Schlürscheid

Öffnungszeiten
tägl. 18–22 Uhr

Hauptgerichte
ab € 17,50

Menüs
ab € 32,–

Spezialität des Hauses
**regionale Gourmet-
küche**

Plätze
**60, 12 an der Bar,
32 auf der Terrasse**

Zimmer
**50
EZ ab € 77,–
DZ ab € 106,–**

Karten
**EC-Karte, Amex,
Mastercard, Visa**

Am 08. April 1882 feierte Gustav Gardels die Einweihung seines Gasthofs in Sankt Michaelisdonn, dem kleinen Kirchdorf im Herzen Dithmarschens. Damit begann die bewegte, von viel Unternehmergeist und hohen Qualitätsansprüchen getriebene (Familien-)Geschichte des hübschen, modernen Ringhotels. Aus dem kleinen Landgasthof von 1882 ist ein Viersternehotel mit vierzig Mitarbeitern geworden. „Unser Ziel ist es, Tradition und Innovation harmonisch zu verbinden", sagt Jan Peters, der in der fünften Generation – mit neuen Ideen und neuem Konzept – die Geschicke des Hauses lenkt.

Das gelingt ihm gemeinsam mit seiner Frau Claudia. Die beiden gut ausgebildeten, international erfahrenen Hoteliers sind hervorragende Gastgeber mit viel Gespür für die Wünsche ihrer Gäste. Das zeigt sich nicht nur in dem geschmackvollen Ambiente, dem Sauna- und Fitnessbereich, es zeigt sich besonders im Restaurant, dem die Peters' eine besondere Aufmerksamkeit schenken. Mit Marc Schlürscheid konnte das Landhaus einen Küchenchef verpflichten, der sein Handwerk bei namhaften Sterneköchen erlernt hat und stets verfeinerte. Schlürscheids große Leidenschaft gehört der Regionalküche.

In den erst kürzlich renovierten, ländlich-eleganten Räumen des Gardels serviert das freundliche Serviceteam frische, saisonale Feinschmeckerkreationen wie zum Beispiel Kräuterschaumsüppchen, feine, täglich wechselnde Fisch- und Fleischgerichte und köstlich raffinierte Desserts. Eingebunden in das Netzwerk

regionaler Topköche und Produzenten gehört
Schlürscheid zu der schleswig-holsteinischen
Vereinigung „Feinheimisch". Die hohen
Ansprüche der Küche zeigen sich auch in der
Teilnahme des Hauses am Schleswig-Holstein
Gourmet Festival.

Anfahrt: A 23 von Hamburg Richtung Husum.
Abfahrt Itzehoe Mitte Richtung Brunsbüttel auf
die B 5. Nach der Hochbrücke über den Nord-
Ostsee-Kanal nächste Abfahrt Richtung Sankt
Michaelisdonn. Von hier sind es noch 10 km.
Nach dem Ortsschild ist die dritte Straße links
die Claus-Harms-Straße.

Gasthof Lafrenz
Osterende 18
24805 Hamdorf
Kreis Rendsburg-Eckernförde
Tel. 04332/383
Fax 04332/9190
www.gasthof-lafrenz.de

Besitzer/Inhaber
Hermann Lafrenz

Küchenchef
Christoph Lafrenz

Öffnungszeiten
Di–Sa 11–13 u.
ab 17 Uhr
So 11–14 u. ab 17 Uhr

Ruhetag
Montag

Hauptgerichte
ab € 8,–

Menüs
ab € 14,–

Spezialität des Hauses:
Fischgerichte

Plätze
60

Zimmer
9, ab € 38,– p. P.
4 FeWo, 2 Pers./Nacht
ab € 50,–

Kreditkarten
EC-Karte

„Ob geräuchert, eingelegt oder frisch, bei uns kommt Fisch auf den Tisch!" So das Motto des traditionsreichen Gasthofs, der auf eine über 125-jährige Geschichte stolz ist. Zu Recht, denn das Haus an der Eider hat es verstanden, mit der Zeit zu gehen. Modern und doch spürbar mit den Traditionen des Ortes und der Familie verbunden, erlebt man bei den Lafrenz' eine herzliche Atmosphäre.

Die gutbürgerliche Frischeküche ist regional orientiert und hat viel Freude an den Rezepten aus Großmutters Zeit. Auch wenn das Motto „Fisch, Fisch, Fisch" ist (große Portion frische Seezunge mit Bratkartoffeln für 15,80 €), kommen hier auch Fleischesser auf ihre Kosten, pardon, zu ihrem Genuss.

Vor einigen Jahren, als die Lafrenz' mit ihrer Haflingerzucht begannen, wurde die Landwirtschaft des Hofs neu belebt. Und so kamen auch wieder Rinder auf die Grünflächen. Ihr Fleisch ist die Grundlage für einige besonders schmackhafte Kreationen des Landhauses, in dem sich übrigens auch sehr entspannt ein paar schöne Tage verleben lassen. Vor allem Familien finden hier sehr attraktive Angebote.

Anfahrt: Über die A 7 bis Rendsburg, dann die B 202 Richtung Rendsburg-Mitte, dort auf die K 47 Richtung Schülp, nach ca. 11 km rechts abbiegen in die Fährstraße (L 126) Richtung Hamdorf. In Hamdorf rechts abbiegen in die Straße Osterende.

Gasthof Leesch

Dorfstraße 14
25764 Reinsbüttel
Kreis Dithmarschen
Tel. 04833/2289
Fax 04833/2630
www.leesch.reinsbuettel.de

Beginnen wir mit einem ganz besonderen Genuss: Lachs auf Krabben mit Muschelragout. Solche und viele andere Köstlichkeiten denkt sich Hans Joachim Leesch aus. Der Patron aus Leidenschaft lockt seine Gäste vor allem mit lecker zubereiteten Fischspezialitäten. Ihr Können beweisen er und sein Küchenchef Thorben Witt immer wieder, wenn sie Überraschungsmenüs präsentieren, die unter den Freunden des Hauses als kulinarische Höhepunkte gelten. Doch Leeschs Kochkunst lebt auch von dem Rahmen, in dem sie serviert wird. Dafür sorgt seine Frau Hannelore, die für das Ambiente des vor wenigen Jahren von Grund auf renovierten Gasthauses zuständig ist. Ein echter Familienbetrieb ist das Leesch schon seit seiner Eröffnung Ende der 1950er Jahre. Vielleicht ist dies auch der Grund, weshalb sich Kinder hier wohlfühlen und gern gesehene Gäste sind.

Anfahrt: Reinsbüttel liegt bei Büsum. A 23 bis Heide-West, dann B 203 Richtung Büsum. In Oesterdeichstrich rechts auf die L 156, nach 2 km kommt Reinsbüttel.

Besitzer/Inhaber
Hans Joachim Leesch

Küchenchef
Thorben Witt

Öffnungszeiten
warme Küche 12–14 Uhr u. 18–21.30 Uhr

Ruhetag
Montag

Hauptgerichte
ab € 14,50

Mittagstisch
um € 10,–

Menüs
ab € 23,50

Spezialität des Hauses
Krabbengerichte

Plätze
35, auf der Terrasse 15 u. 25

Zimmer
6 DZ ab € 45,– 2 FeWo

Kreditkarten
EC-Karte

Gasthof Stahmer

Haus 6
22946 Hohenfelde
Kreis Stormarn
Tel. 04154/5048
Fax 04154/993935
www.gasthof-stahmer.de

Besitzerin/Inhaberin
Gertrud Stahmer

Küchenchefin
Gertrud Stahmer

Öffnungszeiten
Di–Fr ab 16 Uhr,
Sa u. So ab 10 Uhr,
Küche 12–14.30 Uhr
u. 17–21 Uhr

Ruhetag
Montag

Hauptgerichte
ab € 7,50

Menüs
ab € 17,–

Spezialität des Hauses
saisonale Gerichte,
z. B. Spargel, Grünkohl,
Wildgerichte aus
heimischer Jagd

Plätze
90 und 60 auf der
Terrasse

Kreditkarten
EC-Karte

Besonderheiten
Gaststube mit Kachel-
ofen, Lage am Forst
Hahnheide

Als „feinen kleinen Landgasthof" beschreiben die Stahmers ihr romantisch gelegenes Gasthaus. Das „fein" bezieht sich auf die Liebe zum Detail, mit der Gertrud und Heinrich Stahmer ihr idyllisches Haus im Herzen der Hahnheide eingerichtet haben.

Mit der gleichen Liebe zum Detail wird hier auch gekocht und gebacken. Es sind die einfachen Gerichte, mit denen die Stahmers immer wieder ihre Gäste begeistern: Schweineschnitzel, Sülze, Bratheringe, Sauerfleisch und Roastbeef – alles hausgemacht, genauso wie die ausgezeichneten Bratkartoffeln, die Remoulade oder die Matjesfilets. Darüber hinaus bietet die reichhaltige Speisekarte für jeden Gaumen frische regionale Gerichte, die nicht zuletzt deshalb so gut gelingen, weil die Stahmers noch selbst schlachten. Wer Wildgerichte mag, kann hier auf Vorbestellung Köstliches erwarten. Und wer nur einmal am Nachmittag vorbeischauen möchte, darf sich auf die Auswahl der ebenfalls hausgemachten Kuchen und Torten freuen.

Anfahrt: B 404, Abfahrt Grönwohld, Richtung Linau. Rechts abbiegen nach Hohenfelde.

Gasthof Victoria

Dorfstraße 3
24398 Winnemark
Kreis Rendsburg-Eckernförde
Tel. 04644/860
Fax 04644/7489
www.gasthof-victoria.de

Mit seinem Namen erinnert der Gasthof an ein historisches Ereignis in Winnemark: den Besuch der Kaiserin Auguste Victoria im Jahr 1889. Ihre Majestät kehrte bei dem Gastwirt Johannes Nüser ein und speiste dort. Doch anstatt nach Abschluss des Mahls die Rechnung zu begleichen, gab sie das kaiserliche Einverständnis, das Haus künftig nach ihr zu benennen.
Seither ist der Landgasthof an der Schlei auch in Familienbesitz. Mit Doris Moese und ihrem Mann Norbert sorgt bereits die fünfte Generation der Nüser-Linie für Gastlichkeit und die frischen, vorwiegend regionalen Mahlzeiten.
Norbert Moese empfiehlt vor allem seine Fischvariationen, versteht sich aber auch auf die Zubereitung von Lamm-, Wild- und Geflügelspezialitäten.

Anfahrt: A 7 Abfahrt Büdelsdorf Richtung Eckernförde. Die B 203 bis Damp, dann K 77 durch Thumby nach Winnemark.
Von Kappeln: über die Schleibrücke, der B 203 bis Karby folgen, dann K 77 bis Winnemark.

Besitzerin/Inhaberin
Doris Moese

Küchenchef
Norbert Moese

Öffnungszeiten
Do–Di 10–14 u. 18–23 Uhr, für Veranstaltungen auf Anfrage

Ruhetag
Mittwoch

Hauptgerichte
ab € 8,–

Mittagstisch
ab € 6,50

Spezialität des Hauses
regionale und saisonale frische Küche, z. B. Sauerfleisch, Victoriatopf

Plätze
80, 20 auf der Terrasse (Saal + Clubraum 140)

Kreditkarten
EC-Karte, Mastercard, Visa

Besonderheiten
700 ausgestellte Tee- und Kaffeekannen, Gelegenheit zu Wanderung von Lieseby nach Winnemark

Gaststätte Bongsiel „Dat Swarte Peerd"

Am Kanal 2
25842 Ockholm
Kreis Nordfriesland
Tel. 04674/1445
Fax 04674/1458
www.bongsiel.de

Besitzer/Inhaber
Björn Thamsen

Küchenchefin
Elsbe Thamsen

Öffnungszeiten
**Nov.–März: Mi–So ab
17 Uhr, So auch 11.30–
14 Uhr
April: Mi–So 11.30–14
Uhr, 17–22 Uhr
Mai–Okt.: Mo–So 17–22
Uhr, Mi–So auch
11.30–14 Uhr**

Ruhetage
**Nov.–April Montag,
Dienstag**

Hauptgerichte
ab € 7,50

Mittagstisch
ab € 10,50

Spezialität des Hauses
**Aal in allen Variatio-
nen, Wildente, „Bong-
sieler Platte"**

Plätze
**80, 40 auf der Terrasse
(Saal bis 150 Perso-
nen)**

„Wat weer fröher Bongsiel, ehr Lauritz Thamsen dar hen keem? En Lock in'n Diek weer't, wo dat Stauwater vun de Geest dörleep, wieder nicks! Un wat is et hüt? En vel bsöchte Sehenswürdig-keit för de höhere Waterbutechnik." So beginnt der Maler und Grafiker Alexander Eckener (1870–1944) seinen Bericht über „Vadder Thamsen" und das alte Gasthaus Bongsiel. Der Künstler war Freund und ständiger Gast in dem einsam gelegenen Haus, das der Schleusenwär-ter Lauritz Thamsen 1903 übernahm. Dieser war zuvor Hotelbesitzer in Niebüll gewesen, wo er Eckener und viele andere Künstler kennen-gelernt hatte. Sie fanden in Thamsen einen Wirt, der als Laienmaler die Arbeiten der meist jungen Nachwuchstalente mit Interesse verfolg-te.

Schnell sprach sich herum, dass man bei Vadder Thamsen auch mit Bildern bezahlen konnte. Als er dann sein Hotel aufgeben musste und die Schleusenwärterstelle in Bongsiel übernahm, konnte er auch hier einen Ausschank betreiben. Die Künstler folgten Thamsen in sein Haus am Siel, das damals noch eine entscheidende Rolle im Schiffsverkehr zwischen den Inseln und dem Festland spielte. Es ist vor allem diese einmalige Verbindung von regionaler Kunst und boden-ständiger Küche, die den unverwechselbaren Charme dieses Landgasthofs erzeugt. Über 150 Radierungen, Gemälde, Zeichnungen und Holz-schnitte hängen ganz unprätentiös an den Wän-den der bäuerlich eingerichteten Stuben als Zeugen eines Teils lebendiger Kunst- und Kul-turgeschichte.

Das Gasthaus ist dabei nicht zur Galerie oder gar zum Museum geworden. Im Gegenteil: Hier treffen sich Menschen, die gern gut essen und die Verbindlichkeit der Wirtsleute schätzen. Besonders die frischen Aale sind ein Hochgenuss. Ob gebraten, geräuchert, gedünstet, in Gelee oder zur legendären Bongsieler Aalsuppe verarbeitet – aus Thamsens Küche kommt nur frischer Fisch, der lange noch als Gaumenfreude in Erinnerung bleibt. Wer nach dem reichlichen Mahl über Nacht bleiben will, kann in idyllischen Ferienwohnungen und bei Thamsens zu gastfreundlichen Preisen Unterkünfte finden, die auch zum längeren Verweilen in diesem abgelegenen Ort verlocken.

Anfahrt: A 23 nach Husum, dort weiter auf der B 5 nach Bredstedt. Hinter Bredstedt links Richtung Dagebüll. Nach ca. 6 km kommt Ockholm. Dort den grünen Hinweisschildern folgen.

Zimmer
16, ab € 48,–

Kreditkarte
EC-Karte, **Mastercard**, **Visa**

Gourmet-Tipp, schönes Ambiente

Genueser Schiff
Seestraße 18
24321 Hohwacht
Kreis Plön
Tel. 04381/7533
Fax 04381/5802
www.genueser-schiff.de

Besitzer/Inhaber
Philipp Brandt

Küchenchef
Rainer Freund

Öffnungszeiten
im Sommerhalbjahr
warme Küche Mi–Mo
12.30–20.30 Uhr

Ruhetag
Dienstag

Hauptgerichte
ab € 11,50

Menüs
ab € 29,–

Spezialität des Hauses
Fischgerichte; vorher
abgesprochene Menüs
mit eigener Menükarte

Plätze
Restaurant 100,
Terrasse 80

Zimmer
39, ab € 65,– p. P.

Kreditkarten
EC-Karte, Amex,
Mastercard, Visa

Seit über 60 Jahren locken das „Ausschlaf-Hotel" und die gute Küche des Hauses die Ruhebedürftigen und Genießer in das Genueser Schiff. „Meine Mutter hat hier ein Lebewesen geschaffen", erzählt Philipp Brandt im Rückblick auf die Geschichte seines in vielerlei Hinsicht ungewöhnlichen Hotel-Restaurants. Es liegt so dicht an der Ostsee, dass man die Brandung hören kann. 1954 entschloss sich Gabriele Brandt Gräfin von Waldersee, das lang gestreckte Landhaus in ein Hotel und Gästehaus zu verwandeln. Die Zeit ist hier trotz aller Ruhe nicht stehen geblieben. Das Haus ist um eine neue Mitte gewachsen, hat sich ein neues Farbkonzept gegeben und weiter all die Kunst- und Möbelstücke gesammelt, die seinen unverwechselbaren Charme bestimmen.

Mit Rainer Freund ist ein Koch zurückgekehrt, der schon vor Jahren die Küche des Hauses aufs Beste prägte, ihren Ruf als Besseresser-Adresse begründete. Auf seiner Karte finden sich klassische Fischgerichte wie Hohwachter Dorschfilet mit Kartoffelsauerkrautpüree und Pommery-Senfsoße (17,20 €), deftiges Holsteiner Wildschweinsauerfleisch (13,60 €) und fein gebratene Jakobsmuscheln auf Kartoffelpüree mit weißem Speckschaum und geschmolzener Tomate. „Wer hierherkommt, muss offen sein", ist Brandt überzeugt und meint damit nicht nur die ambitionierte Küche. Erleben kann der Gast dann die Weite hinter dem Deich und ein Haus, das von Geschichte, Tradition und Kultur zu erzählen weiß. Im lichtdurchfluteten Raum des ersten Stocks, von dem aus man auf das Meer

schaut, nimmt man auf mit rotem Samt bezogenem Gestühl Platz und lässt sich von der kreativen Küche verwöhnen. Das Weinangebot umfasst hochwertige Gewächse von namhaften Winzern aus Deutschland, Italien und Frankreich. Philipp Brandt genießt sein Genueser Schiff und hofft, dass seine Gäste es auch tun. Seine freundliche, unkomplizierte Art, seine Lust am Erzählen und sein Hang, sich stets Neues für Haus und Gäste einfallen zu lassen, zeichnen ihn dabei ebenso als guten Gastgeber aus wie die Sorgfalt in der Auswahl dessen, was er anbietet. Er kennt seine Lieferanten genau, kauft sein Olivenöl direkt in Italien ein, und den Kaffee, den viele gern im Strandkorb-Café vor dem Haus trinken, bezieht er aus einer kleinen Rösterei bei Hamburg – eine Premiummischung aus kontrolliert biologisch angebauten Hochlandgewächsen.

Anfahrt: Von der B 202 Richtung Hohwacht abbiegen, dort die erste Straße links (Seestraße). Den Hügel hinab und links halten Richtung Lippe. Nach 70 m rechts zum Genueser Schiff.

Besonderheiten
Weinkarte mit rund 200 Positionen, Lage direkt an der Ostsee

Grander Mühle mit Restaurant Da Bonelli

**Am Sachsenwald
22958 Kuddewörde
Kreis Herzogtum Lauenburg
Tel. 04154/2412
www.grandermuehle.de**

Besitzer/Inhaber
Eri Brandt

Öffnungszeiten
**Di–Fr 17–22 Uhr,
Sa– So 12–22 Uhr (Bei
Drucklegung war der
Brandschaden des Restaurants noch nicht
behoben, deshalb
unbedingt nachfragen!)**

Ruhetag
Montag

Hauptgerichte
ab € 7,50

Mittagstisch
ab € 7,50

Spezialität des Hauses
**frische Wildgerichte,
Forellen**

Plätze
**46 innen und 35 auf
der Terrasse**

Zimmer
**5 DZ und 1 EZ
ab € 69,–**

Kreditkarten
EC-Karte

Besonderheiten
älteste Kornwassermühle Deutschlands

Ein „Kleinod im Grünen" nennen Eri und Bernt Brandt ihr idyllisches, von viel Geschichte geprägtes Haus. Es ist Deutschlands älteste Kornwassermühle und die liegt direkt am Sachsenwald: die Grander Mühle. Das um 1250 erbaute Fachwerkhaus beherbergt seit Anfang der 1980er Jahre ein beliebtes Restaurant, zu dem im Nachbargebäude auch ein kleines Hotel gehört. Beides haben die Brandts 2007 übernommen und in eine „Bühne für Genuss und Sinnenfreuden" verwandelt. Ein heiterer, gekonnter Stilmix, sorgsam ausgewähltes (altes) Mobiliar und ein sicheres Gespür für Ambiente geben den Räumen ihre behaglich lichte Atmosphäre.

Ein Feuerschaden hat Ende 2010 die Restaurantküche zerstört. Im Laufe des Jahres 2011 soll aber alles wieder gerichtet sein. Dann dürfte das Haus wieder neben kleinen Salaten und frischen Suppen vor allem eine ansprechende Auswahl deftiger Gerichte bieten, bei denen die Vorlieben des Kochs für Wildspezialitäten deutlich werden. Auch mit Fischen, besonders Forellen (die hier hausgeräuchert werden), kann die Küche des idyllischen Hotel-Restaurants umgehen. Und für alle, die auf dem Lande am liebsten Sauerfleisch mit Bratkartoffeln essen, bietet die Grander Mühle ein hochgepriesenes Gericht aus eigenem Haus.

Anfahrt: A 24 Abfahrt Witzhave Richtung Trittau/Grande. In Grande rechts in die Lauenburger Straße. Hinterm Ortseingang Kuddewörde finden Sie die Einfahrt zur Mühle.

Schönes Ambiente

Grethjens Gasthof
Hauptstraße 1
25938 Alkersum/Föhr
Kreis Nordfriesland
Tel. 04681/7474045
Fax 04681/7474029
www.grethjens-gasthof.de

Lieben Sie schöne Bilder? Große Malerei? Dann ist dieses Haus ein Muss.

Das 2008 in Alkersum eröffnete Museum „Kunst der Westküste" präsentiert mit seiner Sammlung bedeutender Künstler des 19. Jahrhunderts Werke, die sich mit Leben und Arbeiten an der Westküste von den Niederlanden bis Skandinavien malerisch auseinandersetzen.

Das Privatmuseum des Pharmaunternehmers Frederik Paulsen versteht sich auch als ein Treffpunkt für die Insel. Einer, der zur Kunstbetrachtung ebenso einlädt wie zum Entspannen und Genießen. Da lag es auf der Hand, den lauschigen Museumsgarten mit einem anspruchsvollen gastronomischen Angebot zu verbinden. So entstand die Idee, den einstmals in Alkersum sehr bekannten Gasthof Grethjens an dieser Stelle wieder neu entstehen zu lassen. Mit deftigen saisonalen Eintöpfen, frischen Salaten und schmackhaften Suppen sowie Nudel-, Fisch- und Fleischgerichten bietet das helle, stilvoll eingerichtete Restaurant mit seiner idyllischen Gartenterrasse ein kleines, attraktives Speiseangebot, das mit einer überschaubaren Weinauswahl abgerundet wird. Zu empfehlen sind etwa der Tageseintopf (6,50 €), das Matjesfilet mit Schwarzbrot und Salat (9,80 €), der Pannfisch mit leichter Senfsoße und Petersilienkartoffeln (12,– €) oder der gebratene Lammrücken mit mediterranem Gemüse (13,– €).

Anfahrt: Von Wyk aus über die Ocke-Nerong-Straße (L 214) Richtung Alkersum. Die Landstraße wird in Alkersum zur Hauptstraße.

Geschäftsführer
Andreas Büschleb

Öffnungszeiten:
Di–So 10.30–18 Uhr,
Do bis 21 Uhr
1.11.–15.1.:
Di–So 12–18 Uhr

Ruhetag
Montag

Hauptgerichte
ab € 10,–

Mittagstisch
ab € 6,50

Spezialität des Hauses
Tageseintöpfe

Plätze
80, 40 auf der
Terrasse

Kreditkarten
EC-Karte

Besonderheit
lauschiger Museumsgarten

Gut Kleve

Hauptstraße 34
25554 Kleve bei Itzehoe
Kreis Steinburg
Tel. 04823/8685
Fax 04823/6848
www.gut-kleve.de

Besitzerin/Inhaberin
Dörte Groth-Beckmann

Küchenchefin
Dörte Groth-Beckmann

Öffnungszeiten
Mi–So ab 18 Uhr

Ruhetage
Montag, Dienstag

Hauptgerichte
ab € 14,–

Menüs
ab € 29,50

Spezialität des Hauses
**Klever Enten, Wild aus
eigener Jagd**

Plätze
60, 30 auf der Terrasse

Zimmer
10
EZ € 43,–
DZ € 72,–

Kreditkarten
**EC-Karte, Amex,
Mastercard, Visa**

Ja, es gibt zwei Kleve in Schleswig-Holstein, und das eine liegt bei Itzehoe. Man muss das so klar herausstellen, weil Dörte Groth-Beckmann schon die aberwitzigsten Abenteuer mit ihrer Anschrift erlebt hat. Damit aber genug der geografischen Nachhilfe, schließlich gibt es Interessantes über Gut Kleve zu erzählen: Das 1902 als Sommersitz für Hamburger Kaufleute erbaute backsteinrote Herrenhaus ist mit dem Parkgelände, dem Teich und der Bewaldung rundherum nicht nur eine Oase der Ruhe, sondern auch ein Muss für Menschen, die gern gut essen gehen. In der Gutshofküche bestimmt die Hausherrin die Richtung, und das bedeutet, es wird so gekocht, wie es einst gute Tradition war: frisch, bodenständig und regional.

In die Töpfe und Öfen kommt vor allem, was entweder der eigenen Jagd, der eigenen Entenzucht, dem eigenen Karpfenteich oder dem eigenen Kräutergarten entstammt. Die Zutaten, die der prächtige 125 Hektar große Hof nicht selbst produziert, werden von benachbarten Landwirten bezogen, die für Qualität und Frische garantieren können.

Regionale Bindung und Tradition prägen seit Jahrzehnten das Anwesen und motivieren seine Besitzer. So auch Dörte Groth-Beckmann, die eigentlich Tierärztin werden wollte, dann ein Küchenpraktikum und später eine Kochlehre im legendären Hamburger Landhaus Scherrer absolvierte. Nach dem Besuch der Heidelberger

Hotelfachschule arbeitete sie in vielen renommierten Häusern, lernte ihren Mann kennen und kam mit neuen Plänen für Gut Kleve zurück in die Heimat.

Ihre Eltern hatten dort in den 1950er Jahren mit Zimmervermietungen und einem Angebot für Ferien auf dem Bauernhof schon den Grundstein für die heutige Gastronomie gelegt. Die Ponys und Pferde prägten schon immer das Bild des gepflegten Hofs, der selbst beim flüchtigen Blick des Besuchers den Eindruck einer intakten ländlichen Idylle hinterlässt.

Anfahrt: A 23 Abfahrt Itzehoe West. Auf die B 5 Richtung Brunsbüttel, nach ca. 4 km rechts auf die L 327 Richtung Meldorf/Hochdonn. Kleve liegt direkt an der L 327.

Besonderheiten

Jugendstilherrenhaus, in einem 5 ha großen Park mit Teichen und altem Baumbestand gelegen. Gutsdiele mit überdachter Terrasse für Festivitäten bis 150 Personen

Gutswirtschaft „Zum Pferdestall"

Auf dem Gut 3
21493 Basthorst
Kreis Herzogtum Lauenburg
Tel. 04159/810816
www.gutbasthorst.de

Besitzer/Inhaber
Enno Freiherr von Ruffin

Küchenchefs
Günter Ritzenhöfer und Rashid Munir

Öffnungszeiten
tägl. ab 11.30 Uhr

Hauptgerichte
ab € 7,–

Spezialität des Hauses
Wild aus dem Basthorster Forst, Gemüse und Salat aus dem Gutsgarten

Zimmer
4 im Herrenhaus, DZ € 100,–
1 Ferienwohnung

Kreditkarten
EC-Karte, Mastercard, Visa

Enno Freiherr von Ruffin hat sich mit seiner Gutswirtschaft einen lang gehegten Traum erfüllt. Denn das Restaurant hatte dem hübschen Gut mit seinen bekannten Märkten und berühmten Werkstätten noch gefehlt.

Der Name der Speiseklause ist Programm, man sitzt tatsächlich in ehemaligen Pferdeboxen, an rustikalen Tischen, die mit rot-weißen Karodecken, Leinenservietten und großem altem Silberbesteck die Atmosphäre ausstrahlen, die jeden Gast sogleich entspannt sein lässt.

Der „Stall" hat sich eine kleine Speisekarte mit saisonalen Produkten von hoher Qualität verordnet, die weniger durch große Kochkunst als durch schmeckbare Frische überzeugen. Und so genießt man hier nachmittags oder abends umgeben von Gemälden, die das ländliche Leben preisen, lecker gemachte Salate aus dem Gutsgarten, Wildgerichte aus dem Basthorster Forst oder andere Fleisch- und Fischspezialitäten aus der idyllischen Landschaft rund um das prächtige Gut.

Die Gutswirtschaft im Pferdestall ist ein origineller Ort für bodenständige Genüsse und bleibende Eindrücke. Ein Plätzchen, das man unbedingt aufsuchen sollte, weil es in vielerlei Hinsicht inspirierend ist.

Anfahrt: A 24 Abfahrt Witzhave. Auf die L 94 (später L 220) Richtung Hamfelde. Dort nach rechts auf die L 159, die nach Basthorst führt.

Haby-Krog

Dorfstraße 28
24361 Haby
Kreis Rendsburg-Eckernförde
Tel. 04356/661
Fax 04356/996763
www.haby-krog.de

Nele und René Aust heißen die neuen Betreiber des Haby-Krogs. Geblieben ist aber die „ambitionierte Regionalküche" ihrer Vorgänger. René Aust versteht es, seine eigenen Kreationen wie Karotten-Orangensuppe mit Fenchelschmelz und Entenbruststreifen (6,50 €), Wan Tans mit Ziegenkäse, Feldsalat, Nusspesto und Feigen (8,90 €) oder den Thunfisch im Zitronengrasmantel mit Fenchel-Orangensalat (12,50 €) genauso sicher zu präsentieren wie den gemischten Salatteller mit Hähnchenbrustfilet, frischen Früchten und gerösteten Sonnenblumenkernen (11,50 €), den Habyer Fischteller (13,90 €), das gebratene Ostseedorschfilet mit Reis und sri-lankischem Gemüsecurry (16,90 €) sowie Lammkarree, Rumpsteak oder Schnitzel. Eine unkomplizierte, aber sehr schmackhafte Landhausküche also, die ein großes Herz und viele Einfälle für Vegetarier hat.

Die Zutaten kommen vorwiegend aus der näheren Umgebung des mit vielen antiken Möbeln eingerichteten Gasthofs. Bodenständig-traditionell, aber auch gern mit einem Hauch mediterraner Raffinesse kommen die Köstlichkeiten im Haby-Krog auf den Tisch. Ein Haus mit einem besonderen Flair und einer lobenswerten Küche. Dass es zudem noch im idyllischen Naturpark Hüttener Berge liegt, ist ein zusätzliches Argument, diesen reizvollen Ort aufzusuchen.

Anfahrt: A 7 Hamburg–Flensburg, Abfahrt Büdelsdorf/B 203. Der B 203 Richtung Eckernförde folgen und in Groß Wittensee rechts abbiegen nach Haby.

Besitzer/Inhaber
Nele und René Aust

Küchenchef
René Aust

Öffnungszeiten
Mo–So 18–24 Uhr,
So auch 12–14 Uhr

Ruhetag
Mittwoch

Hauptgerichte
ab € 11,50

Spezialität des Hauses
Fischgerichte (z. B.
Habyer Fischteller),
saisonale Gerichte

Plätze
45, 20 auf der Terrasse
(100 im Festsaal mit
Bühne)

Kreditkarten
EC-Karte

Besonderheiten
ausgewiesene Wander-
wege, Ostsee (8 km),
Wittensee (2,5 km)

Handelskrug
Dorfstraße 19
25870 Oldenswort
Kreis Nordfriesland
Tel. 04864/800
www.handelskrug.de

Besitzer/Inhaber
Ina und Wolfgang
Friedrichs

Küchenchef
Wolfgang Friedrichs

Öffnungszeiten
warme Küche 11–13.30
u. 17–20.30 Uhr

Ruhetag
Montag (im Juli u. Aug.
kein Ruhetag)

Hauptgerichte
ab € 7,–

Mittagstisch
ab € 7,–

Menüs
ab € 21,–

Spezialität des Hauses
Lamm und Fisch

Plätze
16 u. 30 innen, 35 auf
der Terrasse

Kreditkarten
keine

Besonderheiten
Bilderausstellung, Guts-
haus Schloss Hoyers-
wort in der Nähe

1994 übernahm das junge Gastronomenpaar Ina und Wolfgang Friedrichs den Landgasthof auf Eiderstedt. Bereits 1730 wurde der Utspann erbaut, dessen Durchfahrt für die Gespanne 1957 der Verbreiterung der Landstraße zum Opfer fiel. 1994 wurde die Viehwaage stillgelegt. Der Besitzerwechsel des Traditionsbetriebs brachte neue Impulse für das Angebot, das sich seither verstärkt den Gaumenfreuden widmet. Wolfgang Friedrichs, der viele Jahre im Schlemmertempel Jagdhaus Waldfrieden in Quickborn als Souschef gekocht hat, fühlt sich auch in seinem Haus der frischen regionalen Küche verpflichtet. Selbst einfache Gerichte wie Heringsfilet mit Bratkartoffeln sind schmackhafte Speiseangebote. Sein Fleisch bezieht Wolfgang Friedrichs natürlich von der Halbinsel.

Anfahrt: Von Süden kommend auf der B 5 über die Eiderbrücke. Ca. 5 km hinter Tönning links abbiegen Richtung Oldenswort. Von Husum kommend sind es etwa 16 km auf der B 5 bis zur Abfahrt nach Oldenswort.

Heinsens Ellerbek

Hauptstraße 1
25474 Ellerbek
Kreis Pinneberg
Tel. 04101/37770
Fax 04101/377729
www.heinsens.de

Nicht ohne Stolz verweisen die Besitzer der charmanten Jugendstilvilla auf den Aufwand, den sie betrieben haben, um das Haus in seinen heutigen Zustand zu versetzen. Der 1900 errichtete Prachtbau hatte bis dahin verschiedene Nutzungen erlebt, die ihn baulich sehr verändert hatten. Gemeinsam mit der Denkmalpflege wurde dann die aufwendige Sanierung des Kulturdenkmals abgestimmt. Die großzügigen Gasträume mit alten Pitchpine-Böden, der weiße Stuck, edle Holztische, antike Lederstühle, kostbare Kacheln und Naturstein wurden mit modernem Lichtdesign kombiniert – zusammen ergibt das elegante Räume, die Wärme und Behaglichkeit ausstrahlen. Gekocht wird hier in einer offenen Küche, die nicht riesig ist, aber genügend Aktionsradius für eine engagierte Brigade bietet. Die verwöhnt die Gäste mit 3-Gänge-Mittagsmenüs oder mit Hauptgerichten wie Heinsens Sauerfleisch mit Röstkartoffeln.

Sein ganzes Können zeigt das Team um Küchenchef Stefan Berndt bei den Abendmenüs. Der mediterran geprägte Küchenstil lässt Fisch- und Fleischfreunde ins Schwärmen geraten. Gebratenes Filet vom Schwarzen Heilbutt (auf den Punkt!) auf Beluga-Linsen mit fein abgeschmeckter Weißweinsoße lässt einen ebenso die Küche loben wie etwa das zarte Lammkarree mit Spätburgundersoße.

Anfahrt: A 7 Abfahrt Halstenbek/Krupunder, dann Richtung Ellerbek. Immer geradeaus, ca. 3 km bis zum Kreisverkehr, 1. Ausfahrt, das Heinsens liegt direkt am Kreisverkehr.

Besitzerin/Inhaberin
Ulrike Carstensen

Küchenchef
Stefan Berndt

Öffnungszeiten
Mo–Fr 12–14.30 Uhr u. 17–21 Uhr, Sa ab 17 Uhr, So ab 12 Uhr, Brunch 11–14 Uhr (jeden 1. u. 3. So)

Hauptgerichte
ab € 16,90

Mittagstisch
ab € 6,90

Menüs
ab € 29,50

Spezialität des Hauses
saisonale und regionale Küche, Seezunge

Plätze
120, 80 auf der Terrasse

Zimmer
6, ab € 30,– p. P.

Kreditkarten
EC-Karte, Amex, Mastercard, Visa

Besonderheiten
Kochkurse

Gourmet-Tipp, schönes Ambiente

Historischer Krug

Grazer Platz 1
24988 Oeversee
Kreis Schleswig-Flensburg
Tel. 04630/9400
Fax 04630/780
www.historischer-krug.de

Besitzerin/Inhaberin
Lenka Hansen-Mörck

Küchenchef
Bodo Lööck

Öffnungszeiten
Krugwirtschaft tägl.
12–14.30 u. 18–22
Uhr; Gourmetrestaurant
Privileg Do–So 18–22
Uhr

Hauptgerichte
ab € 15,–

Mittagstisch
ab € 15,–

Spezialität des Hauses
Bürgermeisterstück in
der Kräuterkruste

Plätze
200, 28 auf der Terrasse

Zimmer
40, DZ ab € 109,–

Kreditkarten
Amex, Diners,
Mastercard, Visa

Besonderheiten
Krugtherme: große
Wellnessanlage mit
Hallen- und Freibad,
Kneippanlage, zwei
Saunen etc.

Seinen Namen trägt der „schönste Krug des Nordens" zu Recht, denn das Haus hat eine fast 500-jährige Vergangenheit erlebt, bevor aus ihm das heutige Romantik Hotel Historischer Krug wurde. Der mit 40 Zimmern großzügig angelegte Krug ist seit über 190 Jahren im Besitz der Familie Hansen-Mörck. Tradition wird hier ebenso gepflegt wie die regionale Küche. Bodo Lööck, Küchenchef des Hauses, gehört zu den einfallsreichen Streitern für eine konsequente Kochkunst mit Produkten aus der Region.

Um seinem über die Jahre gereiften Können auch eine besondere Bühne zu geben, präsentiert er es neben der Krugwirtschaft auch im Gourmetrestaurant Privileg. In der Krugwirtschaft genießt man feine Hausmannskost, im aufwendig eingedeckten Privileg verwöhnt Bodo Lööck etwa mit Mariniertem vom Kalb, glasierter Koogtaubenbrust oder gefülltem Kaninchenrücken in Himbeer-Balsamessig auf sautiertem Spitzkohl.

Hier, wo die Patronin des Hauses, Lenka Hansen-Mörck, auch eine Beautyfarm betreibt, werden nicht nur vegetarische Speisen serviert, sondern auch Bioweine kredenzt, die das ohnehin hochklassige, über 150 Positionen umfassende Programm sinnvoll ergänzen. Gesunde Ernährung und erholsame Entspannung sind das Credo dieses Hauses.

Anfahrt: Oeversee liegt direkt an der B 76 Schleswig–Flensburg. A 7 Abfahrt Tarp Richtung Sieverstedt. Nach links auf die L 317, dann immer geradeaus.

Hotel Deichgraf

An der B 5 Nr. 11
25920 Stedesand
Kreis Nordfriesland
Tel. 04662/3058
Fax 04662/70271
www.hoteldeichgraf.de

Vielleicht ist es der Weg nach Sylt, der Weg zur Gourmetinsel, der dafür gesorgt hat, dass sich hier direkt an der B 5 einige gute bis sehr gute Restaurants niedergelassen haben. Der Deichgraf ist so eine dieser kulinarischen Blüten, die die Strecke nach Sylt säumen. Herzhafte Gerichte wie Matjesfilet mit Bohnen und Speckstippe, Aal „Müllerin Art" oder das hausgemachte Sauerfleisch geben die Richtung von Hans Martin Asmussens Küche an, der sich vor allem um eine frische, schmackhafte Kochkunst verdient gemacht hat. Im Deichgraf isst man zudem nicht nur gut, sondern auch zu vernünftigen Preisen. Begleitet wird die handgeschriebene und in regelmäßigen Abständen wechselnde Speisekarte des freundlichen Hauses von einem kleinen Weinangebot.

In Stedesand Rast zu machen, sich von Asmussens verwöhnen zu lassen, ist nicht nur ein Vergnügen, das sich Sylturlauber gönnen. Vor allem im eigenen Dorf und in den umliegenden Ortschaften hat sich der Deichgraf einen hervorragenden Ruf als Restaurant erworben, das auch gern für Familienfeiern genutzt wird. Darüber hinaus bietet der Landgasthof, ebenfalls zu moderaten Preisen, auch ansprechende Unterkünfte.

Anfahrt: Von Hamburg über die A 23 Richtung Heide, weiter über Husum auf die B 5 Richtung Niebüll. Der Gasthof liegt direkt an der B 5. Von Flensburg Richtung Niebüll, in Leck der Ausschilderung nach Sylt, Föhr und Amrum folgen und dann über Enge-Sande nach Stedesand.

Besitzer/Inhaber
Familie Asmussen

Küchenchef
Hans Martin Asmussen

Öffnungszeiten
**Mi–Mo 18–22 Uhr,
Sommersaison zusätzlich 11.30–14 Uhr**

Ruhetag
Dienstag

Hauptgerichte
ab € 9,–

Spezialität des Hauses
Fisch- und Lammgerichte

Plätze
**60 im Restaurant,
45 auf der Terrasse,
150 im Saal, 30 im
Biergarten**

Zimmer
**DZ ab € 71,–
EZ ab € 42,–**

Kreditkarten
**EC-Karte, Amex,
Mastercard, Visa**

Besonderheiten
**Bundeskegelbahn,
Biergarten**

Gourmet-Tipp, schönes Ambiente

Hotel Wassersleben

Wassersleben 4
24955 Harrislee
Kreis Schleswig-Flensburg
Tel. 0461/77420
Fax 0461/7742133
www.hotel-wassersleben.de

Besitzer/Inhaber
Axel und Véronique
Schmüser

Küchenchef
Axel Schmüser

Öffnungszeiten
warme Küche 12–14
Uhr u. 18–21.30 Uhr

Hauptgerichte
ab € 17,–

Menüs
ab € 21,–

Spezialität des Hauses
regionale Küche,
z. B. Lammgerichte

Plätze
innen 60, auf der Ter-
rasse 80; für Feierlich-
keiten Saal und Winter-
garten bis zu 120

Zimmer
25, ab € 67,–

Kreditkarten
EC-Karte, Amex, Diners,
Mastercard, Visa

Besonderheiten
gute Weinauswahl,
eigene Konditorei;
Strandlage an der
Flensburger Förde

Das Haus gehört zu den guten Adressen an der Flensburger Förde. Die exzellente Lage direkt am Wasser und die stilvoll eingerichteten Zimmer lassen viele Gäste weite Wege zurücklegen. Aber nicht nur die beschauliche Ruhe der 25-Zimmer-Herberge lockt in dieses Hotel unmittelbar an der deutsch-dänische Grenze, es ist vor allem auch die gute Küche des Hauses. Die kommt nicht von ungefähr, kochte Axel Schmüser, Patron des Hotel-Restaurants, doch jahrelang auf Sterneniveau.

Und so kommen die Gäste in Wassersleben in den Genuss einer einfallsreichen Regionalküche auf hohem Niveau. Das beginnt schon bei der Mittagskarte, auf der neben Rumpsteak, mit Tomaten und Mozzarella gratiniert, auch Kalbsnieren mit Dijon-Senfsoße, grüne Bohnen und Kartoffelrösti geboten werden. Vollends bestätigt wird dieser Eindruck, wenn der Gast den tagesaktuellen Küchenangeboten folgt. Die klingen zwar nicht immer nach regionaler Küche, sind aber einen Ausflug wert. Aus der Region bezieht Schmüser vor allem Lamm, Fisch und marktfrisches Gemüse, aber auch Rind- und Schweinefleisch aus kontrollierter Zucht. Daraus bereitet der kreative Küchenmeister in erster Linie bodenständige Gerichte, denen er eine bekömmliche Leichtigkeit zu geben versteht.

Anfahrt: Harrislee liegt bei Flensburg. A 7 bis Abfahrt Flensburg/Harrislee/B 199. B 199 Richtung Flensburg bis B 200 Richtung Kolding. Abfahrt Wassersleben. Das Gasthaus liegt an der Hauptstraße, die durch Wassersleben führt.

Immenhof

Neukoppel 1
23795 Schackendorf
Kreis Segeberg
Tel. 04551/3244
Fax 04551/995781
www.immenhof-sh.de

Auch wenn der Landgasthof schön liegt, Pony-reiten kann man auf diesem Immenhof nicht. Seinen Namen verdankt er dennoch der einst berühmten Fernsehserie. Die ist lange her. Ganz frisch empfängt dagegen der komplett renovierte und elegant eingerichtete Landgasthof seine Gäste. Die dürfen sich auf einen engagierten, freundlichen Service durch das Team von Svenja Badzuhn und eine solide Küche freuen. Ländliche Klassiker wie das gut gemachte Sauerfleisch (9,90 €) finden sich auf der Karte ebenso wie schwarze Fettuccine mit Gambas (16,90 €) oder frische Fischgerichte (Bachsaib-ling mit Blattspinat, 16,50 €). Küchenchef Philipp Heymann weiß mittlerweile, was seinen Gästen schmeckt. Seine Pläne, ein Feinschme-ckerangebot im Immenhof zu etablieren, haben sich nicht durchsetzen können. Seine rustikalen Spezialitäten dafür umso mehr, denn seine Grundprodukte kauft Heymann frisch und regional ein.

Anfahrt: Schackendorf liegt rund 4 km nördlich von Bad Segeberg. A 21 Abfahrt Wahlstedt, auf die K 60 nach Schackendorf. Die Neukoppel geht von der Hauptstraße ab.

Besitzer/Inhaber
Uwe Heymann

Küchenchef
Philipp Heymann

Öffnungszeiten
Mo–Fr ab 17.30 Uhr,
Sa ab 11.30, So ab 9
Uhr

Ruhetag
Mittwoch

Hauptgerichte
ab € 8,50

Spezialität des Hauses
marktfrische Produkte

Plätze
90, 55 auf der Terrasse
(130 im Festsaal)

Kreditkarten
EC-Karte

Besonderheiten
Nähe zu den Bad Sege-
berger Karl-May-Spie-
len

Gourmet-Tipp, schönes Ambiente

Jagdhaus Waldfrieden
Kieler Straße (B 4)
25451 Quickborn
Kreis Pinneberg
Tel. 04106/61020
Fax 04106/69196
www.waldfrieden.com

Besitzer/Inhaber
Siegmund Baierle

Küchenchef
Thomas Lubig

Öffnungszeiten
**warme Küche 12–14
Uhr u. 18–21.30 Uhr**

Ruhetag
Montagmittag

Hauptgerichte
ab € 22,–

Mittagstisch
ab € 18,–

Spezialität des Hauses
geschmorte Bauernente

Plätze
80, 50 auf der Terrasse

Zimmer
26, ab € 82,–

Kreditkarten
**EC-Karte, Amex,
Mastercard, Visa**

Es gibt Häuser, die bemühen sich um Stil, und es gibt solche, in denen er auf scheinbar natürliche Weise vorhanden ist. Das Jagdhaus Waldfrieden gehört zu den letztgenannten. Dafür ist in erster Linie der Patron des Hauses, Siegmund Baierle, verantwortlich. Baierle, dessen Gastronomie nichts zu wünschen übrig lässt, hat mit dem 1982 übernommenen Landgasthof seine an sich selbst gestellten Ansprüche so gelungen verwirklicht, dass man dem sympathischen Selfmademan viele Kollegen von gleichem Format wünscht. Elegant, doch ohne Aufdringlichkeit, geschmackvoll, doch ohne übertriebenen Prunk, anspruchsvoll, doch ohne Überheblichkeit – so lassen sich Haus und Gastgeber skizzieren.
„Ich bin sozusagen vom Tellerwäscher zum Hotel- und Restaurantbesitzer aufgestiegen", erzählt der gelernte Koch und erfahrene Hotelfachmann augenzwinkernd und stapelt dabei mächtig tief. Denn bevor der kulturinteressierte Genussmensch das Villengebäude im 16 000 Quadratmeter großen Parkgelände an der Quickborner Stadtgrenze übernahm, war er bereits ein erfolgreicher Hotelmanager.
Vor der Ära Baierle regierte im Jagdhaus vor allem das Kaffeegeschäft, und das 1902 erbaute Gebäude galt als schönes, lohnendes Ausflugsziel. Mit dem neuen Eigentümer kehrte dort die gehobene Gastronomie ein, und aus dem ehemaligen Sitz eines Hamburger Großindustriellen wurde ein „Romantik Hotel", das dieser Kategorie alle Ehre macht.
Der Münchner Thomas Lubig als Küchenchef begeistert nicht nur seinen kenntnisreichen Chef

(„Der beste Mann, den ich bisher in meiner Küche hatte"), sondern auch kritische Zungen, die angesichts seiner fantasievollen regionalen Küche ins Schwärmen geraten und denen es bei „Zanderfilet, kross gebraten mit sommerlichen Salaten und sautierten Pfifferlingen" die Sprache verschlägt.

Auf so viel Harmonie kann man nur sein Glas erheben. Im Jagdhaus Waldfrieden wird dieses mit Weinen gefüllt, die von Deutschlands innovativsten Winzern stammen oder aus Frankreichs oder Italiens erstklassigen Gewächsen gekeltert wurden.

Anfahrt: A 7 Hamburg–Flensburg, Abfahrt Quickborn. Nach Quickborn hineinfahren und dann die B 4 Richtung Neumünster nehmen. Das Hotel befindet sich direkt an der Straße zwischen Quickborn und Bilsen.

Jan's Restaurant

Böhler Landstraße 153
25826 St. Peter-Ording
Kreis Nordfriesland
Tel. 04863/478667
www.jans-restaurant.com

Inhaber
Jan Timm

Küchenchef
Markus Schönfeld

Öffnungszeiten
in der Saison Küche
11.30–21.30 Uhr,
ansonsten bitte aktuell
auf der Homepage
informieren

Ruhetag
Dienstag

Hauptgerichte
ab € 16,–

Mittagstisch
ab € 12,–

Menüs
ab € 30,–

Spezialität
mediterran inspirierte
Regionalküche,
v. a. Lamm- und Fisch-
gerichte

Kreditkarten
EC-Karte

Da möchte man rein. Der imposante Backstein-
bau, die gepflegte Atmosphäre, die schon die
hübsche Gartenanlage rund um das erst vor
wenigen Jahren komplett restaurierte und
modernisierte Gehöft bestimmen, lassen ahnen,
dass man hier in stilvollem Ambiente gut speist.
Und so kehrt man in ein überraschend modern
eingerichtetes Haus ein, das mit warmen Holztönen und hellen Ledermöbeln eine entspannte
Lounge-Atmosphäre vermittelt.
Locker und leicht ist auch die Küche. Die oft
mediterran inspirierten Gerichte basieren auf
frischen heimischen Produkten. Fisch und
Lamm sind die Favoriten des Küchenchefs.
Deshalb sind besonders Gerichte zu empfehlen
wie das Roastbeef vom Lammrücken auf Rucola
(9,90 €), Jan's Fischrahmsuppe mit Edelfischen
(4,90 €), sein Zanderfilet vom Grill (17,90 €)
zu dem er mediterrane Tomatenmousse, Safran-
schaum und Limonenreis serviert. Wem das
nicht zusagt, kann bestes Rindersteak genießen
oder sich auf das Dessert freuen. Die Rote Grütze
ist hier (wie alles) prima, richtig lecker aber ist
die Crème brulée vom Sanddorn.

Wenn Timm gerade mal nicht in die Küche schaut, kann es sein, dass er mit seinem Freund Rainer Sass unterwegs ist. Denn der Fernsehkoch schätzt die soliden Kochkünste, die freundliche Art und Bodenständigkeit von Jan's Restaurant. Liest man im Gästebuch dieses empfehlenswerten Hauses, dann scheinen viele andere Genießer die gleichen Eigenschaften an dem Patron zu gefallen.

Anfahrt: Aus Süden über Heide, aus Norden über Tönning Richtung St. Peter-Ording, Ortsteil Böhl.

Kiekut
Kiekut 1
24340 Eckernförde/Altenhof
Kreis Rendsburg-Eckernförde
Tel. 04351/41310
Fax 04351/4924
www.restaurant-kiekut.de

Besitzer/Inhaber
Joachim Schlösser

Küchenchef
Joachim Schlösser

Öffnungszeiten
Mai–Sept.:
Do–Mo ab 11.30 Uhr,
Mi ab 17.30 Uhr
Okt.–April:
Do–Mo 11.30–14.30 u.
ab 17.30 Uhr,
Mi ab 17.30 Uhr,
Sa, So u. feiertags
ab 11.30 Uhr

Ruhetag
Dienstag

Hauptgerichte
ab € 8,50

Mittagstisch
ab € 8,50

Spezialität des Hauses
frische Kutterscholle,
Fischteller Kiekut,
hausgemachtes Sauer-
fleisch vom Lamm

Plätze
45 und 120 auf der
Strandterrasse

Kreditkarten
EC-Karte, Mastercard,
Visa

Den Pfälzer Joachim Schlösser hat es immer ans Wasser gezogen. Zunächst als Koch bei der Marine, dann in eine eigene Gastronomie im Arnisser Segelclub und seit 1987 als Pächter des wassernahen Kiekuts. Direkt an der Eckernförder Bucht liegt Schlössers reetgedecktes Restaurant-Café, in dem er natürlich gern Fisch serviert. Je nach Jahreszeit stehen Kutterscholle in Speck, Heringe mit Senfkräuterfüllung oder frischer Aal aus dem nahe gelegenen Windebyer Noor und aus der Schlei auf der Karte. Sein Können stellt Joachim Schlösser besonders zur Entenzeit (November–Januar) unter Beweis. Dann freuen sich seine Gäste auf Wildente in Apfel-Preisel-beer-Soße mit Laugenstangenknödel. Allerdings braucht es keine bestimmte Jahreszeit, um bei Schlösser auf gehobenem Niveau zu essen. Eine Tatsache, die sich längst bei gut informierten Gourmets herumgesprochen hat, die nicht zuletzt die regionalen Spezialitäten des Hauses, seinen angenehmen Service und die gemäßig-ten Preise zu schätzen wissen.

Anfahrt: B 76 Eckernförde–Kiel. Altenhof liegt ca. 1,5 km vor dem Ortseingang Eckernförde und das Kiekut, von Kiel kommend, direkt rechts an der Bundesstraße.

Kirschenholz

Hauptstraße 4
24637 Schillsdorf
Kreis Plön
Tel. 04394/309
Fax 04394/471
www.kirschenholz.de

Gemütlich, farbenfroh, traditionsbewusst und bodenständig. Diese Begriffe fallen einem ein, wenn man den Landgasthof Kirschenholz in Schillsdorf betritt. Mit dieser Mischung haben Gaby und Jürgen Overath so viel Erfolg, dass man gerade am Wochenende unbedingt reservieren sollte. Jung und Alt scheinen sich hier gleichermaßen wohlzufühlen. Die gutbürgerliche holsteinische Küche mit ihrer wechselnden saisonalen Speisekarte sowie die selbst gebackenen Kuchen und Torten bieten für alle Geschmäcker etwas.

Je nach Jahreszeit laden die Overaths zu saisonalen Büffets ein, veranstalten Brunch oder setzen besondere Schwerpunkte auf ihrer Speisekarte. So gibt es Fisch (Scholle „Gärtnerin", 14,50 €) oder Fleisch (Rumpsteak „Küchenmeister Art", 15,50 €) mit frischem Biogemüse, werden Kohl, Pilze, Spargel oder Kartoffeln und Rüben je nach Jahreszeit zu den Hauptdarstellern auf der Karte. Selbst geräucherter Fisch, Lamm, Schwein und Rind finden sich in vielen Variationen im Kirschenholz-Angebot.

Jürgen Overath schafft in seiner Küche selbst bei vollem Haus noch Bestleistungen, die der Service freundlich und schnell an den Gast bringt.

Anfahrt: A 21 bis Bornhöved, B 430 Richtung Neumünster, nach ca. 4,5 km rechts ab auf die K 6 nach Schillsdorf. Von Kiel ca. 15 km auf der B 404 nach Süden, rechts ab auf die L 49 Richtung A 7, nach ca. 5 km nach links abbiegen Richtung Schillsdorf.

Besitzerin/Inhaberin
Gaby Overath

Küchenchef
Jürgen Overath

Öffnungszeiten:
Di–So ab 11 Uhr durchgehend warme Küche (Jan.–März: Di–Fr ab 17 Uhr)

Ruhetag
Montag

Hauptgerichte
ab € 7,50

Spezialität des Hauses
Holsteiner Spezialitäten; im Winter Mehlbüddel

Plätze
150 u. 150 auf der Terrasse

Zimmer
3 Ferienwohnungen, ab € 45,–

Kreditkarten
EC-Karte

Besonderheiten
selbst gebrautes Bier

Gourmet-Tipp

Klassenzimmer

Hauptstraße 14
22941 Hammoor
Kreis Stormarn
Tel. 04532/278641
Fax 04532/278642
www.restaurant-klassenzimmer.de

Besitzer/Inhaber
Björn Stieper

Küchenchef
Björn Stieper

Öffnungszeiten:
Di–Fr 17–22 Uhr
Sa–So 12–22 Uhr

Montag schulfrei!
(Ruhetag)

Hauptgerichte
ab € 7,50

Menüs
ab € 25,–

Spezialität
Holsteiner Klassiker
und weltoffene Trend-
küche

Plätze
142, 34 auf der
Terrasse

Kreditkarten
EC-Karte

Es gibt eine Schule, in der macht sogar das Sitzenbleiben richtig Spaß – es ist die alte Dorfschule in Hammoor, jedenfalls seitdem Björn Stieper hier bestimmt, was auf die Tafel kommt. Auf der steht unter anderem ein „Sitzenbleiber-Menü". Stieper, ein noch junger Koch mit internationaler Erfahrung, war gleich begeistert, als man ihm 2010 die Klassenräume der alten Dorfschule (mit dem sonnigen Pausenhof) anbot, und entschloss sich, aus der Lehr- eine Genussanstalt werden zu lassen. Dort soll der Gast den Charme der historischen Räume mit ihrer ansprechenden modernen Einrichtung bei bester Kost genießen. Selbst wer keine so guten Erinnerungen an die Schulzeit hat, kann hier lernen, dass es auch Stundenpläne gibt, bei denen man jede Minute genießt.

Mit Holsteiner Klassikern wie dem knusprigen Schnitzel vom Schweinerücken mit Bratkartoffeln und gemischtem Salat, Eisbeinsauerfleisch mit Remoulade und Bratkartoffeln oder der Stieper'schen „Trendküche" wie rosa gebratenem Lammrücken auf Gelbwurzelzucchini mit Olivenpüree und Granatapfelsauce oder Röllchen vom Lengfischfilet mit Kirschtomaten in Zitronenbutter und buntem Kartoffel-Kürbis-Ragout zeigt Stieper Kreativität – und solides Können in seiner wechselnden Frischeküche. Der engagierte Koch beweist sich so als kulinarischer Lehrmeister, dessen Lektionen man so schnell nicht vergisst und in bester Erinnerung behält.

Anfahrt: A 1 Richtung Lübeck, Ausfahrt Bargteheide, Richtung Bargteheide/Hammoor.

Koseler Hof

Alte Landstraße 2
24354 Kosel
Kreis Rendsburg-Eckernförde
Tel. 04354/1320
Fax 04354/8689
www.koseler-hof.de

Wenn frischer Wind in einen alten Gasthof kommt, muss noch lange nicht mit guten alten Traditionen gebrochen werden. Im Gegenteil. Schon als Christian Naujocks 1996 den seit 1835 belegten Koseler Hof übernahm, wurde er restauriert, und es entstand ein komfortabler Landgasthof mit historischem Ambiente. Dem beliebten Gasthaus steht für Anfang 2011 ein erneuter Wechsel bevor. Mit Frank Spack und Viola Wismer soll das Haus weiter als beliebter Dorfkrug geführt werden.

Spack, ein erfahrener Koch, verspricht eine bodenständige, rustikale Küche, für die er vorwiegend in der unmittelbaren Region einkaufen will. Frische Fische, Holsteiner Spezialitäten, Wild und Steaks will Spack auf die Karte setzen und so zubereiten, dass der Koseler Hof weiter ein gut besuchter Krog bleibt. Denn hier trafen sich einst die Bauern zum Klönen, zum Viehhandel und zum Umtrunk, hier befanden sich die Viehwaage und die Poststation. Heute erinnern nur noch Fotos und Dokumente an die Historie.

Anfahrt: Von Eckernförde kommend auf der B 76 Richtung Schleswig nach ca. 3 km rechts abbiegen Richtung Kosel. Dort der Ausschilderung folgen.

Besitzerin/Inhaberin
Viola Wismer

Küchenchef
Frank Spack

Öffnungszeiten (geplant)
Nov.–März: Mo–Do ab 17.30 Uhr, Fr–So ab 11.30 Uhr; sonst tägl. ab 11.30 Uhr

Ruhetag
Dienstag

Hauptgerichte
ab € 9,–

Mittagstisch
ab € 9,–

Spezialität des Hauses
frische, regionale Küche, Fisch und Wild aus der Region

Plätze
79 innen, 85 im Saal, 50 auf der Terrasse

Zimmer
6, DZ ab € 70,–

Kreditkarten
keine

Besonderheiten
nach alten Plänen restauriertes Gasthaus

61

La Marée im Hotel Pinguin

Christian-Westphal-Straße 52
23743 Grömitz
Kreis Ostholstein
Tel. 04562/9827
Fax 04562/1717
www.pinguin-hotel-groemitz-ostsee.de

Besitzer/Inhaber
Ernst Fischer

Küchenchef
Ernst Fischer

Öffnungszeiten
Di–Fr ab 17.30 Uhr,
Sa u. So ab 18 Uhr
mittags mit Voranmel-
dung 12–14 Uhr

Ruhetag
Montag (nicht an Feier-
tagen)

Reservierung
erbeten

Hauptgerichte
ab € 12,–

Menüs
von € 25,– bis € 59,–

Spezialität des Hauses
Fischgerichte

Plätze
ca. 30

Zimmer
22, DZ ab € 40,–

Kreditkarten
EC-Karte

Ernst Fischer ist der Name, den man sich merken muss. Nach vielen internationalen Stationen als Koch entschied sich Fischer mit seiner Frau Monika für den Norden. In Grömitz an der Ostsee fanden sie die Immobilie, die ihren Vorstellungen entsprach, um ihr Hotel-Restaurant zu eröffnen. Das ist jetzt schon einige Jahre her, aber die Konstanz, mit der Ernst Fischer sich in die Herzen der Gourmets gekocht hat, hat ihm einen guten Ruf eingebracht. Aber fragen Sie ihn bloß nicht nach einer Speisekarte. Er hat zwar eine, „weil das Vorschrift ist", aber eigentlich möchte er, dass die Gäste seinen Empfehlungen vertrauen. Der Meister ist eben ein eigenwilliger Koch.

Also lässt man sich in Sachen Fisch und Fleisch gern von ihm oder seiner Frau beraten. So bekommt man dann etwa ein Filet vom Ochsen serviert, das zart auf der Zunge zergeht. Bohnen und eine Schalotten-Senfsoße begleiten es so gelungen, dass ein ausdrucksstarkes Gericht entsteht, das man auf der Stelle noch einmal essen möchte. Sollte man aber nicht, denn Fischer hat noch mehr zu bieten. Zum Beispiel Seeteufel mit Paprikamousse, der französische Kochschule und eine erfahrene Praxis des Abschmeckens bezeugt. Was aus Fischers Küche kommt, schmeckt tadellos, deshalb darf er sich seine Eigenheiten erlauben. Eine Speisekarte könnte dieses Geschmackserlebnis gar nicht vermitteln.

Anfahrt: A 1 bis Neustadt-Pelzerhaken/Grömitz. Der B 501 bis Grömitz folgen. Das La Marée liegt beim Kurpark und dem Kurmittelhaus.

Landgasthof Arp
Mühlenberg 1
24214 Bornstein
Kreis Rendsburg-Eckernförde
Tel. 04346/8791
Fax 04346/3590
www.landgasthof-arp.de

Wer den Weg zu diesem fast 200-jährigen Gast-hof, der genau auf halbem Weg zwischen Eckernförde und Gettorf liegt, gefunden hat, wird ihn immer wieder aufsuchen. Petra und Robert Arp haben die ehemalige Disco zu einem Landgasthof mit bodenständiger Küche und stil-voll gepflegter Einrichtung herausgeputzt. Hier bringt die Kochkunst der Hausherrin Petra Arp perfekte Braten, schmackhafte Eintöpfe, gehalt-volle Suppen und delikate Soßen hervor. Selbst bei den schnellen Gerichten wie ihrem im Wok geschmorten Gemüse mit kleinen Schweine-filets, das gern als Spezialität des Hauses in einer Terrine serviert wird, besticht die Arp-Küche durch eine knackige Kost und gekonnte Abstimmung der Gewürze.
Sonntagnachmittags gibt es köstlichen selbst gebackenen Kuchen.

Anfahrt: B 76 zwischen Gettorf und Eckernförde, Abfahrt Neudorf. 2,5 km bis Bornstein. Der Landgasthof ist ausgeschildert.

Besitzer/Inhaber
Petra und Robert Arp

Küchenchefin
Petra Arp

Öffnungszeiten
Mi–Sa ab 17 Uhr,
So ab 11.30 Uhr

Ruhetage
Montag, Dienstag

Hauptgerichte
ab € 12,80

Mittagstisch
nur sonntags

Menüs
ab € 19,80

Spezialität des Hauses
„Quer Beet" im Topf,
norddeutsche Küche

Plätze
40 und 40 auf der
Terrasse; großer Saal

Kreditkarten
EC-Karte, Mastercard,
Visa

Besonderheiten
eigenes Trauzimmer,
großer Garten mit
überdachter Terrasse

Schönes Ambiente

Landgasthof Der Alte Auf
Am Dorfteich 15
24217 Fiefbergen
Kreis Plön
Tel. 04344/415525
Fax 04344/4498
www.der-alte-auf.de

Besitzer/Inhaber
Christopher Wulff

Küchenchef
Ralf Harrer

Öffnungszeiten
Mi–So ab 17.30 Uhr,
feiertags ab 12 Uhr

Ruhetage
Montag, Dienstag

Hauptgerichte
ab € 8,50

Spezialität des Hauses
fangfrischer Fisch, Wild
aus eigener Jagd,
Probsteier Spezialitäten

Plätze
100 und 50 auf der
Terrasse

Kreditkarten
EC-Karte

Besonderheiten
historisches Gebäude

Mit dem Landgasthof Der Alte Auf hat das idyllische Fiefbergen nicht nur einen sehr hübschen Gasthof, sondern auch eine denkmalpflegerische Attraktion. Denn Der Alte Auf befindet sich im ersten Niedersachsenhaus der Region. 1840 errichtet, bietet der mächtige Bau eine gediegene Atmosphäre für das 100-Plätze-Restaurant. Hausherr ist hier Christopher Wulff, der sein gastronomisches Handwerk in Hamburg erlernt hat und dann für einige Zeit in die USA ging, um in seine Heimat etwas von der Verbindlichkeit und dem perfekten Service der Amerikaner zu importieren.

Ganz aus Schleswig-Holstein kommen allerdings die Rezepte, die der junge Patron mit seinem Küchenchef Ralf Harrer abspricht. Der kocht eine marktfrische Landküche, die viel Ostseefisch und Wild aus der eigenen Jagd der Wulffs verarbeitet. Die Karte ist etwa mit pochierten Edelfischen in Sardellen-Oliven-Soße nicht ohne kulinarischen Ehrgeiz, bietet aber vor allem den Freunden bodenständiger Kost mit Holsteiner Sauerfleisch vom Schweinenacken und Bratkartoffeln oder knusprig gebratenem Spanferkelrücken auf Altbiersoße, Kohlrabi-Lasagne und Serviettenknödel eine schmackhafte Küche, wie man sie in einem zünftigen Gasthof erwartet.

Dass dazu noch das Ambiente stimmt, verwundert kaum. Wulff hat hier sein sicheres Gespür für Stoffe, Farben, Dekor und Einrichtung unter Beweis gestellt und sein architektonisches Talent eingebracht. Unter dem riesigen Reetdach des stattlichen Gebäudes empfängt den Gast ein in

warmen Gelb- und Rottönen gehaltener historischer Bau, dessen schwere Eichendecke und
mächtige Holzbalken dem saalartigen Raum
Behaglichkeit verleihen. Dazu tragen auch der
große Kamin und die geschickte Aufstellung der
Holztische mit dem biedermeierlichen Gestühl
bei. Überall finden sich trotz der Größe des Restaurants lauschige Ecken. Hier genießt man bei
Kerzenschein die gute Küche des Landgasthofs
oder liest in der Speisekarte die Geschichte über
den Alten Auf nach. Und die hat es in sich!

Anfahrt: Fiefbergen liegt zwischen Kiel und
Schönberg. A 7 Hamburg–Bordesholm, dann
über die A 215 nach Kiel. Abfahrt Kiel-Mitte, dort
der B 502 Richtung Schönberg folgen. Nach ca.
5 km nach Probsteierhagen abbiegen, den Ort
durchfahren und weiter nach Fiefbergen (ca.
4,5 km).

Landgasthof Hotel Gammelby

Dorfstraße 6
24340 Gammelby
Kreis Rendsburg-Eckernförde
Tel. 04351/8810
Fax 04351/88166
www.hotel-gammelby.de

Besitzer/Inhaber
Helge Störterau

Küchenchef
Helge Störterau

Öffnungszeiten:
tägl. Küche 12–14 Uhr
u. 17.30–21.30 Uhr

Hauptgerichte
ab € 11,50

Mittagstisch
ab € 9,50

Menüs
ab € 18,50

Spezialität des Hauses
Fisch aus dem Winde-
byer Noor und Wild-
gerichte

Plätze
40

Zimmer
30, DZ ab € 78,–

Kreditkarten
EC-Karte, Amex,
Mastercard, Visa

Unweit der Ostsee, nahe der Eckernförder Bucht, liegt Gammelby. Der Name kommt aus dem Dänischen und bedeutet „altes Dorf". Die Anbauten der ehemaligen Meierei, die heute als Landgasthof genutzt wird, wirken nicht sehr alt. Ihr etwas trister Charme lässt nicht gleich vermuten, dass sich hier anständig speisen lässt. Doch der Patron des Hauses, Helge Störterau, legt Wert auf eine rustikale Küche mit frischen Produkten. Die zuverlässige Qualität, der unaufdringliche, freundliche Service und die bodenständige Kost haben viele Anhänger.
In den sauberen, schlichten Gasträumen sind besonders Gerichte wie die kräftige klare Rinderbrühe (4,40 €), die in Speck gebratene Nordseescholle (15,90 €) oder die Lammfilets (17,90 €) zu empfehlen.

Anfahrt: Die A 7 bis zur Ausfahrt Eckernförde, in Eckernförde auf die B 76 Richtung Flensburg wechseln, am nördlichen Stadtrand von der B 76 nach Gammelby abbiegen. Der Abzweiger ist ausgeschildert.

Landgasthof Neukrug

Bahnhofstraße 2
24975 Maasbüll
Kreis Schleswig-Flensburg
Tel. 04634/317
Fax 04634/378

An der Landstraße zwischen Flensburg und Husby liegt dieser einladend wirkende Krug mit der prächtigen Holzveranda. 1995 ließen die Maasbüller den 1752 gegründeten Gasthof aufwendig renovieren, um einen attraktiven Treff für die Gemeinde und ein schmuckes Aushängeschild zu haben. Nach einigen Jahren sehr bescheidener Küchenleistung übernahm der engagierte Koch Frank Kolodzey den Neukrug. Es dauerte nicht lang, bis der Küchenchef die Besseresser aus der näheren Region in den Gasthof lockte. Schnell hat sich herumgesprochen, dass Kolodzey eine bodenständige Frischeküche anbietet. Jahreszeitengerecht serviert er beispielsweise Wild, Muscheln, Lammspezialitäten, Spargel, Schollen oder frische Pilze. Darüber hinaus finden sich auf der Karte Klassiker wie Grünkohl, Kutterscholle und Grillpfannen. Sein wahres Können aber zeigt Frank Kolodzey bei den wechselnden Spezialitätenkarten.
Seine Bauernente, in zwei Gängen mit unterschiedlichen Jus und Beilagen serviert, kommt herrlich kross auf den Teller und überzeugt durch zartes Fleisch und intensive Soßen. Schwärmen darf man auch von seinen Wildgerichten oder dem sauber an der Gräte gebratenen Zander. Und alles zu sehr gastfreundlichen Preisen! Kolodzeys anspruchsvoller Küche entspricht die kleine, aber sehr feine Auswahl an Weinen.

Anfahrt: Von Flensburg aus Richtung Husby fahren. Der Landgasthof liegt gleich hinter dem Ortseingang Maasbüll, dort wo sich die Landstraßen 21 und 96 kreuzen.

Besitzer/Inhaber
Frank Kolodzey

Küchenchef
Frank Kolodzey

Öffnungszeiten
tägl. 11.30–14 Uhr u. 17.30–24 Uhr

Hauptgerichte
ab € 12,80

Mittagstisch
ab € 7,90

Menüs
von € 22,– bis € 48,–

Plätze
60, 35 auf der Terrasse

Kreditkarten
EC-Karte

Schönes Ambiente

Landgasthof „Zur Post"

Hauptstraße 25
25596 Wacken
Kreis Steinburg
Tel. 04827/2283
Fax 04827/2676
www.landgasthof-wacken.de

Besitzer/Inhaber
Torsten Arp

Küchenchef
Rainer Bornholdt

Öffnungszeiten:
Mo–Do 8–14 u. 17–22 Uhr, Fr–So u. feiertags durchgehend geöffnet, nach Absprache auch an Werktagen

Hauptgerichte
ab € 10,–

Mittagstisch
ab € 5,10

Spezialität des Hauses
Wildgerichte, Glückstädter Matjesfilet, Friedrichskooger Krabben

Plätze
350, 50 auf der Terrasse

Kreditkarten
EC-Karte, Amex, Diners, Mastercard, Visa

Besonderheiten
dreimaliger Kreis- und Landessieger im Wettbewerb „Gastliches Haus", eigene Karpfenzucht

Wer Wacken hört, denkt zunächst an das kultige Festival der Heavy-Metal-Freunde. Doch der idyllische Ort im Dreieck zwischen Elbe, Nord-Ostsee-Kanal und Stör hat noch eine Attraktion zu bieten: den Landgasthof „Zur Post", der in den 1950er Jahren von der Familie Arp gegründet wurde und bis heute in Familienbesitz ist.

Mit regionalen und saisonalen Spezialitäten hat das Haus sich längst einen guten Ruf weit über Wacken hinaus erkocht. Bei Preisen, die für den täglich wechselnden (lecker-rustikalen) Mittagstisch (z. B. Frikadellen mit gestowten Rüben und Petersilienkartoffeln) um 6,50 € liegen, macht mancher schon einen Umweg.

Der lohnt sich immer, denn auf der Abendkarte findet man so verlockende Angebote wie die knusprige Wildente aus dem Wackener Revier (15,50 €), eine Spezialität des Hauses. Probieren sollte man auch unbedingt den Klassiker der Arps, den Wackener Mehlbeutel mit gegrillter Schweinebacke, Kochwurst, Senfsoße, Backobstsoße und Salzkartoffeln (12,50 €). Und noch ein Gericht, das so herrlich norddeutsch, schlicht und köstlich ist: grüne und saure Heringe (9,60 €).

Damit ist klar: „Zur Post" in Wacken ist ein Gasthof, der es verdient hat, genauso Kult zu sein wie das schräge Festival des Ortes!

Anfahrt: Über die A 23 bis zur Abfahrt Schenefeld und dann Richtung Wacken ca. 5 km. Der Landgasthof ist direkt im Ortskern, zu erkennen an der Postkutsche.

Landhaus Hamberge

Stormarnstraße 14
23619 Hamberge
Kreis Stormarn
Tel. 0451/8997110
Fax 0451/8997120
www.restaurant-hamberge.de

Das geschmackvoll eingerichtete Landhaus besticht in vielerlei Hinsicht. Da ist zunächst einmal das Ambiente. Große, dunkle Holztische, bequeme Designerstühle und eine elegante, aber sparsame Tischdekoration geben dem hellen Raum genau die Atmosphäre, die sich Cornelia und Thorsten Hauck wünschen: stilvolle Behaglichkeit. Auf dieser Bühne agieren die beiden leidenschaftlichen Gastgeber jeweils in unterschiedlichen Rollen. Cornelia Hauck hat das Händchen für die Dekoration und den Service, Thorsten Hauck für die Küche und den Wein. Beide sind dabei ständig auf der Suche nach neuen Inspirationen. Diese führt sie unter anderem zu den besten Winzern Deutschlands und auf die wichtigsten Messen und Märkte. Klar, dass bei so viel Engagement die Küche nach den Sternen greift und sich auf die traditionellen Gerichte der Region ebenso versteht wie auf ambitionierte Kreationen aus dem Reich der Feinschmeckerei. Das zeigt sich bei einem Auszug aus der Speisekarte: Zanderfilet mit Nussbutterschaumsoße auf Blattspinat oder rosa gebratener Hirschkalbsrücken mit Steinpilzjus, sautiertem Wirsing und Schupfnudeln. Die Gäste der Haucks dürfen sich also auf ein Erlebnis für alle Sinne freuen.

Anfahrt: Das Landhaus liegt ca. 5 km von Lübeck entfernt direkt an der B 75 Richtung Bad Oldesloe.

Besitzer/Inhaber
Cornelia und Thorsten Hauck

Küchenchef
Mauro Cavagnis

Öffnungszeiten
Do–Mo ab 17.30 Uhr,
Sa auch 12–14.30 Uhr,
So ab 11 Uhr

Ruhetage
Dienstag, Mittwoch

Hauptgerichte
ab € 11,–

Mittagstisch
ab € 7,–

Menüs
von € 19,– bis € 50,–

Spezialität des Hauses
Fisch und Wild

Plätze
40, 30 auf der Terrasse

Kreditkarten
EC-Karte, Mastercard, Visa

Landhaus Holsteiner Stuben

Dorfstraße 19
23795 Högersdorf
Kreis Segeberg
Tel. 04551/4041
Fax 04551/1576
www.holsteiner-stuben.de

Besitzer/Inhaber
Hartmut Ramhold

Küchenchef
Hartmut Ramhold

Öffnungszeiten
**warme Küche 11.30–
14 Uhr u. 17.30–22.30
Uhr**

Ruhetag
Mittwoch

Hauptgerichte
ab € 12,50

Mittagstisch
ab € 12,50

Menüs
ab € 19,50

Spezialität des Hauses
**verfeinerte regionale
und französische Küche
mit Produkten aus der
Gegend, z. B. Lammrü-
cken mit Kräuterkruste**

Plätze
50, 30 auf der Terrasse

Zimmer
5, ab € 30,–

Holsteiner Küche und ein Ambiente, das wie geschaffen für diese Region ist, darf man bei Hartmut Ramhold erwarten. Eine vornehme Schlichtheit kennzeichnet seine Holsteiner Stuben, die mit ihren schönen alten Fliesen und den Holzvertäfelungen Behaglichkeit ausstrahlen. Der gepflegte ländliche Stil des Hauses unterstreicht die zu erwartende Qualität aus der Ramhold-Küche. Als gut ausgebildeter und erfahrener Küchenmeister beglückt Hartmut Ramhold seine Gäste zum Beispiel mit einer herzhaft delikaten Rieslingcremesuppe mit hausgemachten Lachsravioli, bietet zartes Lammkarree oder Fischspezialitäten und verführt sie auf seiner Dessertkarte etwa mit Pfannküchlein und frischen Blaubeeren, wenn es die Jahreszeit erlaubt.

Als Ramhold das ehemalige Altenteil eines Hofes vor über 20 Jahren übernahm, hatte es bereits eine Geschichte als Stubenwirtschaft mit Tischen für die Bauern, Jäger und anderen Bewohner der Umgebung hinter sich. Es war dann eine Zeit lang Herberge für den Högersdorfer „Tante-Emma-Laden" und schließlich ein schon gut eingeführtes Landhaus, das nur wenige Autominuten von Bad Segeberg entfernt die Chance bietet, sich genussvoll zu erholen. Stolz ist der Patron aber nicht nur auf die vielen Besucher von nah und fern, sondern vor allem auf die Stammgäste aus Högersdorf. Die genießen besonders gern das hausgemachte Sauerfleisch und andere Holsteiner Spezialitäten.

Natürlich werden auch diese Gerichte bei Hartmut Ramhold frisch und äußerst schmackhaft zubereitet. Zu solchem Essen passt am ehesten Bier, das in großer Auswahl angeboten wird. Aber auch der Weinfreund findet hier eine ansprechende Karte.

Anfahrt: A 7 bis Abfahrt Bad Bramstedt/B 206. Der B 206 Richtung Bad Segeberg folgen, in Rotenhahn rechts Richtung Högersdorf abbiegen; von Bad Segeberg kommend der B 432 folgen, nach 2 km sind Sie in Högersdorf.

Kreditkarten
EC-Karte, Amex, Mastercard, Visa

Besonderheiten
altes Reetdach-Landhaus in ruhiger Lage, Spazierwege an der Trave und nach Bad Segeberg

Schönes Ambiente (s. a. Top-Restaurants)

Landhausrestaurant Pesel im Seehotel Töpferhaus

Am See
24791 Alt Duvenstedt
Kreis Rendsburg-Eckernförde
Tel. 04338/99710, Fax 04338/997171
www.toepferhaus.com

Besitzer/Inhaber
Gert Thies-Lembcke

Küchenchef
Oliver Pfahler

Öffnungszeiten
warme Küche tägl.
12–14 u. 18–22 Uhr

Hauptgerichte
ab € 18,50

Menüs
ab € 34,–

Spezialität des Hauses
Knusprige Vierländer
Ente (für 2 Pers.), Wie-
ner Schnitzel

Plätze
40, 60 auf der Seeter-
rasse

Zimmer
46
DZ ab € 125,–

Kreditkarten
EC-Karte, Amex,
Diners, Mastercard,
Visa

Als Gourmet-Tempel ist das Töpferhaus bekannt, aber es bietet in seinem Pesel auch eine feine Landhausküche.

In dem elegant-rustikalen Restaurant darf man den gehobenen Standard des Hauses erwarten, aber eben keine kulinarischen Höhenflüge. Der umsichtige Service offeriert eine kleine Karte mit köstlich gemachten Regionalgerichten. Fangfrischer Zander aus dem Bistensee, Filet vom Deichlamm, Rumpsteak vom holsteinischen Jungrind oder saisonale Leckerbissen wie Spargel, Maischolle und Martinsgans gibt es im Pesel zu moderaten Preisen. Trotzdem darf man ausnahmslos frische Produkte und eine erstklassige Zubereitung erwarten – eben ganz dem Anspruch des Hauses entsprechend, dass nur Qualität überzeugt. Die einmalige Lage an dem zauberhaften Bistensee gehört natürlich auch zum Pesel.

Anfahrt: Alt Duvenstedt liegt nördlich von Rendsburg. A 7 Hamburg–Flensburg, Abfahrt Rendsburg/Büdelsdorf. B 203 Richtung Eckernförde. Auf der Höhe von Sande/Holzbunge links halten und der Ausschilderung zum Töpferhaus folgen.

Gourmet-Tipp, schönes Ambiente
(s. a. Top-Restaurants)

Landhaus Stricker

Boy-Nielsen-Straße 10
25980 Tinnum/Sylt
Kreis Nordfriesland
Tel. 04651/88990, Fax 04651/8899499
www.landhaus-stricker.de

Zu den Sylter Adressen, die Tradition und einen herausragenden Ruf haben, zählt unbedingt das Landhaus Stricker. Seit der smarte Sternekoch Holger Bodendorf und seine Frau Kerstin das hübsche Landhaus in ein elegantes und entspanntes Hotel-Restaurant verwandelt haben, ist der Glanz des Hauses noch strahlender. Bodendorfs hochgelobte Gourmet-Kreationen lassen allerdings leicht vergessen, dass es im Stricker auch sehr bodenständig zugehen kann, nämlich in der urgemütlichen Tenne. Gepflegte Tischkultur, historisches Ambiente, viel Holz und eine leichte Kräuterküche geben der Tenne ein unverwechselbares Profil. Bodendorfs mediterrane Küche findet hier zur Vermählung mit dem regionalen Angebot. Kräuter geben den Titel für seine Gerichte. Unter Kerbel findet man zum Beispiel die saftig-aromatische Maispoularde aus dem Ofen mit Kohlrabi, Schnittlauch, marinierten Zwetschgen und Kartoffelkrapfen (23,– €), unter Liebstöckel den punktgenau gebratenen Zander mit Liebstöckel-Kartoffelstampf, Wurzelgemüse und Pfifferlingsfond (24,50 €). Der große und mit besten Gewächsen bestückte Weinkeller des Strickers bietet eine im wahrsten Sinne des Wortes berauschende Auswahl an Top-Weinen. Alles zusammen lässt die Stunden in der Tenne des einladenden Landhauses zu einem unvergesslichen Genuss-Erlebnis werden.

Anfahrt: Aus Richtung Westerland in Tinnum in die zweite Straße rechts abbiegen, das Landhaus Stricker ist ausgeschildert.

Besitzer/Inhaber
Holger und Kerstin Bodendorf

Küchenchef
Holger Bodendorf

Öffnungszeiten
tägl. 18–22 Uhr, Frühstück 8–14 Uhr,
So u. feiertags 12–14 Uhr

Hauptgerichte
ab € 28,–

Menüs
ab € 72,–

Spezialitäten des Hauses
Bauernentenbrust, Hummersuppe

Anzahl der Plätze
ca. 80 (Tenne u. Kaminzimmer), ca. 80 auf den Terrassen

Gästezimmer
36
EZ ab € 135,–
DZ ab € 220,–

Kreditkarten
EC-Karte, Amex, Mastercard, Visa

Landhaus Schulze-Hamann

Segeberger Straße 32
23813 Blunk
Kreis Segeberg
Tel. 04557/99700
Fax 04557/997020
www.landhaus-schulze-hamann.de

Besitzer/Inhaber
Angela und Stephan
Schulze-Hamann

Küchenchef
Volker Specht

Öffnungszeiten
Mi–So ab 11 Uhr,
Küche 12–21 Uhr

Ruhetage
Montag, Dienstag

Hauptgerichte
ab € 15,–

Mittagstisch
€ 7,50

Menüs
ab € 32,–

Spezialität des Hauses
fangfrischer Ostseefisch
direkt vom Kutter

Plätze
50, 40 auf der Terrasse

Zimmer
9,
EZ ab € 65,–
DZ ab € 110,–

Karten
EC-Karte, Amex,
Mastercard, Visa

Der neue Geist in der Gastronomie zeigt sich besonders da, wo Traditionshäuser sich ihm stellen. Das Landhaus Schulze-Hamann (ehemals Schinkenkrug) ist dafür ein hervorragendes Beispiel. Frisch, ländlich-elegant und trotzdem sympathisch bodenständig wie das Ambiente des Hotels und Restaurants präsentiert sich auch die Küche des Hauses. Das engagierte Ehepaar Angela und Stephan Schulze-Hamann hat die Zeichen der Zeit erkannt. Und die stehen auf gesunde, naturnah produzierte Nahrungsmittel. Schulze-Hamanns, die sich auch dem Verein „Feinheimisch" angeschlossen haben, „legen besonderen Wert auf Handwerk, Frische und Umweltverträglichkeit. Daher verarbeiten wir fast ausschließlich regionale Zutaten, nach ökologischen Grundsätzen im Rhythmus der Jahreszeit produziert. Es ist uns ein wichtiges Anliegen, stets einen vertrauten und persönlichen Kontakt zu unseren Lieferanten zu pflegen. Um Ihnen ausnahmslos erstklassige, naturbelassene und gesunde Qualität anzubieten, arbeiten wir mit dem führenden Öko-Verband Bioland zusammen", lautet die Philosophie des qualitätsbewussten Ehepaares. Und das schmeckt man.

Schon das von mittwochs bis sonnabends angebotene „Kleine Mittagessen" für 7.50 € ist ein Beleg für den Qualitätsanspruch der ideenreichen Frischeküche in diesem hübschen Landgasthof.

Die Speisekarte bietet neben einer Vielzahl von klassischen Gerichten einer Holsteiner Landhausküche immer neue, leichte Kreationen. Mit Hauptgerichten ab 15,– € und einer gut sortierten Weinkarte findet hier jeder Gast etwas.

Anfahrt: A 21 bis Bad Segeberg, von dort auf der B 432 bis Klein Rönnau, dann auf die L 68 Richtung Groß Rönnau, weiter nach Blunk. Das Landhaus liegt direkt an der Segeberger Straße (L 68).

Besonderheiten
Förderer von Slow Food 2011

Schönes Ambiente

Landhaus Wolfskrug

Dorfstraße 11
24361 Klein Wittensee
Kreis Rendsburg-Eckernförde
Tel. 04356/354
Fax 04356/995418
www.landhaus-wolfskrug-wittensee.de

Besitzer/Inhaber
Liese-Lotte und Norbert Sausmikat

Küchenchef
Norbert Sausmikat

Öffnungszeiten
warme Küche 12–14 Uhr u. 18–21.30 Uhr

Ruhetag
Dienstag

Hauptgerichte
ab € 12,50

Mittagstisch
ab € 7,40

Plätze
140, 30 auf der Terrasse

Zimmer
DZ ab € 54,–

Kreditkarten
EC-Karte, Amex, Mastercard, Visa

Die Speisekarte im Wolfskrug ist eher schmal, was ein Zeichen von Qualität ist. Denn Frische wird im Restaurant von Norbert Sausmikat großgeschrieben. Schließlich hat der kreative Küchenchef sein Handwerk zunächst in der Schweiz und später in Hamburg bei dem legendären Armin Scherrer verfeinert. Gemeinsam mit seiner Frau Liese-Lotte pachtete Norbert Sausmikat das 1832 als Landhaus erbaute Anwesen, um hier gehobene Gastronomie und ländliche Behaglichkeit zu bieten. Den verwöhnten Gaumen locken nicht nur das Kartenangebot, sondern auch die persönlichen Empfehlungen des Maître. Bei manchen Gerichten, wie dem gedünsteten Lachs in Cidresoße mit Gemüse und Apfelkartöffelchen, bietet der Wolfskrug auch kleine Portionen an. Vor allem die klassische Küche mit Tafelspitz, Damkalbsbraten und Flugentenbrust ist die Stärke des Hauses. Aber auch die regionalen Spezialitäten mit Labskaus, Bauernfrühstück und Katenschinken werden in den liebevoll ausgestatteten Räumen in Feinschmeckern angemessener Qualität serviert.

Anfahrt: A 7 Abfahrt Rendsburg/Büdelsdorf, dann B 203 ca. 4 km Richtung Eckernförde bis Klein Wittensee.

Landhotel Prahls Gasthof – Ohe

Große Straße 24
21465 Reinbek-Ohe
Kreis Stormarn
Tel. 04104/9990
Fax 04104/999191
www.prahls-gasthof-ohe.de

Es war der ehemalige Köm-Kutscher Hinrich Prahl, der den am Sachsenwald gelegenen Landgasthof 1864 gründete. Sein damals noch reetgedecktes Bauernhaus wurde Pferdeausspann, Pension für Durchreisende und schnell ein beliebtes Ausflugsziel für die Hamburger. Die Geschichte des Landgasthofs, der 1932 bis auf die Grundmauern niederbrannte, war immer eng mit dem Sachsenwald und dessen Besitzern, den Bismarcks, verbunden. Das Fleisch für die hervorragenden Wildspezialitäten stammt seit jeher aus deren Jagden, also gleich von nebenan.

Beim „Holsteiner Alltag" mit hausgemachter Grützwurst auf Kartoffelpüree, Speckkruste und Apfelmus stört selbst Puristen die „Neue Landhauslinie" des roten Backsteinhauses nicht, das in seinen großzügig geschnittenen Räumen von Fliedertönen und gefärbten Holzpaneelen beherrscht wird. Hackmacks Qualitäten liegen weniger in der Umsetzung eines erlesenen Einrichtungsstils als im kreativen Entwickeln neuer Rezepturen.

Anfahrt: Ohe ist ein Stadtteil von Reinbek. A 24 Hamburg–Lübeck, Abfahrt Reinbek und nach Schönningstedt fahren. Dort folgen Sie der Ausschilderung nach Ohe und dann dem Hinweis auf Prahls Gasthof.

Inhaberin
Rosanna Hackmack e.K.

Küchenchef
Hans-Karl Hackmack

Öffnungszeiten
Mi–Fr 12–14 Uhr u. 17–23 Uhr, Sa ab 17 Uhr, So u. feiertags ab 12 Uhr

Ruhetage
Montag, Dienstag

Hauptgerichte
ab € 12,70

Mittagstisch
€ 7,80

Spezialität des Hauses
marktfrische regionale Spezialitäten im Wechsel der Jahreszeiten, z. B. Sauerbraten vom Sachsenwald-Hirsch

Plätze
40, auf der Terrasse etwa 40, im Garten 120

Zimmer
6, ab € 49,– p. P.

Kreditkarten
EC-Karte, Mastercard, Visa

Landhotel Seelust

Seelust 6
25581 Hennstedt
Kreis Steinburg
Tel. 04877/677
Fax 04877/766
www.seelust.de

Besitzerin/Inhaberin
Karen Schmekal

Küchenchefin
Gabriele Ruhl

Öffnungszeiten
Mo–Fr ab 15 Uhr, Sa,
So u. feiertags ab 12
Uhr

Ruhetag
Dienstag

Hauptgerichte
ab € 9,–

Spezialität des Hauses
Räucherlachs auf Buch-
weizenpfannkuchen,
Buchweizentorte

Plätze
50, 45 auf der Terrasse

Zimmer
ab € 60,–

Kreditkarten
EC-Karte, Mastercard,
Visa

Besonderheiten
ruhige Naturlage, gute
Wander- und Radfahr-
möglichkeiten

Eine Nixe ist das Wahrzeichen dieses nicht alltäglichen Landhauses.
Vielleicht liegt es daran, dass die Seelust fest in Frauenhand ist. Der besondere Charme des Kuschelhotels, seine romantische Prägung, das verspielte, aber stilvolle Ambiente und die Liebenswürdigkeit, die hier herrscht, dürften in jedem Fall auf die weibliche Regie in dieser Idylle zurückzuführen sein.
Hier darf man entspannen, die Ruhe und die gut gemachte, schlichte Küche genießen.
Das 1922 gegründete Gasthaus mit seiner idyllischen Lage im Naturpark ist ein Refugium für Alltagsflüchtlinge. Die sollen unkomplizierte Gerichte wie Bratkartoffeln mit Sauerfleisch oder Schnitzel, die „Holsteiner Fischplatte", den besonders guten Räucheraal mit Kräuterrührei oder die Kuchenauswahl genauso zu schätzen wissen wie die reizvolle Saunaanlage und den Pool. Entspannen ist das Motto. Deshalb soll nichts kompliziert sein. So ist das bei den Nixen in der Seelust.

Anfahrt: Aus Hamburg: A 7 bis Bad Bramstedt, B 206 Richtung Itzehoe/Kellinghusen. In Kellinghusen hinter der Störbrücke rechts Richtung Hohenweststedt/Hennstedt.

Landhotel Tetens Gasthof

Hauptstraße 24
25923 Süderlügum
Kreis Nordfriesland
Tel. 04663/18580
Fax 04663/185888
www.landhotel-tetens.de

Als Tetens Gasthof vor einigen Jahren komplett renoviert wurde und in neuem Glanz erstrahlte, kam auch bald Maren von Eitzen in das Team um die engagierten Besitzer. Lewe Tetens-Volquardsen und seine Frau Wiebke-Sophie, die den Hof geerbt hatten, gaben dem schönen Haus mit viel Liebe zum Detail eine ländliche Eleganz, die Gemütlichkeit und Traditionsbewusstsein ausstrahlt. Aber es war immer das Ziel der Eheleute, die in ganz anderen Berufen als der Gastronomie tätig sind, den Gasthof nach einer erfolgreichen Startphase an einen tüchtigen Pächter zu übertragen. In Maren von Eitzen haben sie eine Pächterin gefunden, die sich auch weiterhin um den Erhalt des guten Rufs kümmert.

Mit ihrem Küchenchef hat sie am Herd einen zuverlässigen Garanten für die regionale Kost, die man in einem gepflegten Landhaus wie Tetens Gasthof erwartet. Ob Bratheringe mit krossen Bratkartoffeln, Lachs auf Spinat, Tafelspitz oder Medaillons vom Kalbsrücken – alles gelingt, überzeugt durch richtige Garung und fein gemachte Soßen oder Beilagen. So genießt man in der schönen Atmosphäre des mit vielen Werken regionaler Künstler, antikem Mobiliar und bäuerlichen Stoffen ausgestatteten Gasthofs jede Minute seines Aufenthalts.

Anfahrt: Süderlügum liegt an der B 5 zwischen Niebüll und Tønder. Der Gasthof liegt im Dorfzentrum gegenüber der alten Marienkirche.

Inhaberin
Maren von Eitzen

Küchenchef
Gerhard Barthel

Öffnungszeiten
warme Küche tägl. 17–21 Uhr

Hauptgerichte
ab € 7,80

Menüs
ab € 22,50

Spezialität des Hauses
Wild-, Lamm- und Fischgerichte

Plätze
45, 24 im Biergarten

Zimmer
13, ab € 44,–

Kreditkarten
EC-Karte, Mastercard, Visa

Besonderheiten
Nähe zum Noldemuseum in Seebüll

Lauras Restaurant

Buurnstraat 49
25938 Oevenum/Föhr
Kreis Nordfriesland
Tel. 04681/59790
www.landhaus-laura.de

Besitzer/Inhaber
Familie Jörn
Sternhagen

Küchenchef
Jörn Sternhagen

Öffnungszeiten
Ostern–Okt.:
tägl. 17.30–22 Uhr

Ruhetag
Dienstag

Hauptgerichte
ab € 18,–

Menüs
ab € 30,50

Spezialität des Hauses
gefüllte Schollenfilets,
Piccata vom Lamm

Plätze
20, 20 auf der Terrasse

Zimmer
14, ab € 65,–

Kreditkarten
EC-Karte

Die behagliche Atmosphäre des Landhauses Laura macht den Bezug zur Namensgeberin deutlich: Laura Ashley.

Der Chefkoch und Gastgeber dieses Hauses, Jörn Sternhagen, kommt aus einer Gastronomenfamilie, die immer wieder bewiesen hat, dass sie hohen Ansprüchen nicht nur genügen will, sondern auch genügen kann.

Feinsinnig wie die Sternhagens, die Gedichte und Geschichte lieben, ist auch die Küche des weltgewandten Kochs. Er serviert Oevenumer Fischpfanne, also Lachs, Zander, Rotbarsch und Krabben in Proseccorahm, Marktgemüse und Reis, oder die Früchte des Meeres, was meint: Steinbeißer, Lachs, Scampispieß auf hausgemachtem Eierkartoffelsalat. Lecker auch das Zanderfilet kross gebraten mit Pernod-Rahm, Champignon-Lauchgemüse und Basmatireis sowie das Beste vom Lamm mit Rotweinjus, Speckbohnen und Rosmarinkartoffeln. Das klingt nicht nach ganz großer Küche, ist aber so überzeugend zubereitet, dass auch strenge Esser hier ihr Vergnügen haben. Dass dann auch noch die Atmosphäre des idyllischen Hotels mit seinen individuell eingerichteten Zimmern stimmt, darf man als Glücksfall bezeichnen.

Anfahrt: Von Hamburg über die A 23 nach Heide, dann die B 5 Husum/Bredstedt/Dagebüll. Mit der Fähre nach Wyk. Oevenum liegt 3,5 km nordöstlich von Wyk Richtung Inseldörfer.

Gourmet-Tipp

Luv und Lee
Freeheit 14
24257 Schwartbuck
Kreis Plön
Tel. 04385/755
Fax 04385/1777
www.luvundlee.de

Die reizvolle Ferienanlage an der Ostsee hat etwas von einer Wohlfühl-Oase. Familien mit Kindern fühlen sich hier genauso gut aufgehoben wie Alleinreisende oder aber Freunde kulinarischer Genüsse.

Mit Michael Kißler haben Hannelore und Werner Schönzart einen Küchenchef engagiert, der ihre hohen Erwartungen an ein kreatives und regional bestimmtes Speiseangebot erfüllt.

Probieren sollte man zum Beispiel die Rahmsuppe vom Riesling mit Zitronencroûtons, die Appetit macht auf Speisen wie den Milchkalbsrücken auf Senfsoße mit Karotten und Kräuterspätzle oder den in Kräutern gebratenen Zander mit einer Grapefruit-Rieslingsoße. Auch die 200 Positionen umfassende Weinkarte bietet so manche Köstlichkeit.

Wer weniger für Feinschmeckereien, sondern mehr für regionale Deftigkeiten eine Zunge hat, dem seien der Fischteller Luv und Lee (geräucherter Lachs, Matjes-Variationen, Bratheringe und Bratkartoffeln) oder das Sauerfleisch empfohlen, das je nach Jahreszeit auch mal von der Gans kommen kann.

Ohne Zweifel gehört das Luv und Lee noch zu den Geheimtipps des Landes, auch wenn es schon viele Freunde hat, die nicht selten von weit her kommen.

Anfahrt: B 202 Richtung Lütjenburg. An der Kreuzung in Seekrug auf die L 259 Richtung Todendorf. In Giekau links auf die K 13 Richtung Schönberg, den Schildern nach Schwartbuck folgen.

Besitzerin/Inhaberin
Hannelore Schönzart

Küchenchef
Michael Kißler

Öffnungszeiten
17.30–22 Uhr,
So u. feiertags auch
11.30–14 Uhr

Ruhetag
Mittwoch

Hauptgerichte
ab € 15,–

Menüs
ab € 33,50

Spezialität des Hauses
Rinderfilet auf Balsamico-Schokoladensoße mit Vichykarotten und Serviettenknödel

Plätze
50, 25 auf der Terrasse

Kreditkarten
EC-Karte, Amex, Diners, Mastercard, Visa

Maräne
Dorfstraße 12
23883 Groß Zecher am Schaalsee
Kreis Herzogtum Lauenburg
Tel. 04545/1371
www.restaurant-maraene.de

Besitzer/Inhaber
Johnnssen & Rinck GmbH

Küchenchef
Holger Rinck

Öffnungszeiten:
Küche tägl. 11.30–21 Uhr

Hauptgerichte
ab € 11,–

Menüs
ab € 20,–

Spezialität des Hauses
frische Fisch- und Wildspezialitäten, besonders die Hechtklößchen

Plätze
160, 100 auf der Terrasse

Zimmer
4 DZ, 2 App., 2 Wohnungen
DZ ab € 50,– inkl. Frühstück
Wohnungen € 95,–

Kreditkarten
EC-Karte, Mastercard, Visa

Okay, von außen macht die Maräne nicht viel her, auch das ansprechende Ambiente ist nicht das stärkste Argument, um hier einzukehren. Und doch wollen alle, die hier einmal gespeist haben, immer wiederkommen. Dafür gibt es vor allem einen Grund: Die gute Fischküche des Hauses. Denn hier fängt der Chef noch selbst die Fische, die entsprechend frisch auf den Tisch kommen. Die einen schwärmen von den Hechtklößchen, die anderen vom Räucherfisch und alle von Zander, Saibling, Forelle, Aal und natürlich der Namensgeberin des Hauses, der Maräne. Zubereitet werden die Fische klassisch schlicht. Die Maräne meist in Butter gebraten, mit Petersilienkartoffeln und Salat serviert (ab 13,50 €). Die üppigen Portionen und die bodenständigen Fischrezepte aus Pfanne, Kochtopf oder Ofen lassen selbst verwöhnte Esser frohlocken. Nicht immer gibt es jeden Fisch, denn erstens ist der Andrang groß, sodass das ein oder andere aus den frischen Fängen aufgegessen ist, und zweitens haben auch Fische ihre Saison. Wer Fisch nicht mag, dem bietet das Haus eine interessante Wildkarte mit Fleisch aus den heimischen Jagden. Auch das bekommt man hier aufs Beste hin. Nach gutem Essen bietet sich ein Verdauungsspaziergang zum schönen Schaalsee an.

Anfahrt: Groß Zecher ist ein Ortsteil der Gemeinde Seedorf. Von der A 24 über die Abfahrt Zarrentin auf die B 195 Richtung Zarrentin, in Marienstedt rechts auf die Marienstedter Straße, nach ca. 2,5 km rechts nach Groß Zecher.

Midlumer Krog

Dörpstraat 50
25938 Midlum/Föhr
Kreis Nordfriesland
Tel. 04681/2764
Fax 04681/501640
www.midlumer-krog.de

Einige Landeshistoriker, die sich auf Schloss Gottorf mit der Geschichte alter schleswig-holsteinischer Gasthöfe beschäftigen, prüfen noch, wann genau die Schankerlaubnis erteilt wurde und was für ein Siegel zum Haus gehörte. Wenn alles beieinander ist, dann möchte Andreas Jung die kleine Chronik des – so viel ist bekannt – über 250 Jahre alten Hauses schreiben. Gemeinsam mit seiner Frau Birthe, die den Gasthof Anfang der 1980er Jahre geerbt hat, bewirtschaftet Jung den Traditionshof. Während er in der Wirtsstube zusammen mit Tochter Kerstin alles im Griff hat, sorgen seine Frau und Tochter Doris in der Küche für die Zubereitung der handfesten Kost. Im Midlumer Krog kommen noch Schüsseln auf den Tisch und nicht portionierte Tellergerichte. Aus den dampfenden Terrinen verströmen dann je nach Jahreszeit Kohl- oder Gartengemüse, Rindsrouladen oder Lammeintöpfe, Rübenmus oder Schweinebraten ihre Wohlgerüche. Auch wenn man sich durchaus aufs Kurzbraten versteht, die eigentliche Stärke des Hauses liegt in Gerichten mit langer Schmordauer.

Anfahrt: Die Insel Föhr erreicht man mit der Fähre von Dagebüll. Von dort nach Midlum. Der Krog liegt mitten im Dorf und ist nicht zu verfehlen.

Besitzer/Inhaber
Andreas Jung

Küchenchefin
Birthe Jung

Öffnungszeiten
warme Küche 11.30–13.30 Uhr u. 17–21 Uhr

Ruhetag
Montag

Hauptgerichte
ab € 8,50

Mittagstisch
€ 8,50

Spezialität des Hauses
Regionalküche, Lammgerichte

Plätze
etwa 90, etwa 16 auf der Terrasse

Zimmer
3 EZ ab € 40,–
10 DZ ab € 70,–

Kreditkarten
EC-Karte

Schönes Ambiente

Möwe Jonathan
24395 Pommerby
Kreis Schleswig-Flensburg
Tel. 04643/2988
Fax 04643/185250
www.moewe-jonathan.com

Besitzer/Inhaber
Timo Mall

Küchenchef
Timo Mall

Öffnungszeiten
April–Juni, Sept.–Okt:
Mo–Fr 18–22 Uhr,
Sa u. So 12–22 Uhr
Juli u. Aug.:
Mo–So 12–23 Uhr
Nov.–März:
Fr– So 12–22 Uhr

Ruhetag
Mittwoch

Hauptgerichte
ab € 9,50

Spezialität des Hauses
schwäbische Küche

Plätze
ca. 45

Kreditkarten
EC-Karte

Besonderheiten
kinderfreundlich, Nähe
zum Strand und zum
Naturschutzgebiet Gel-
tinger Birk

In den 1970er Jahren lösten das Buch von der Möwe Jonathan und seine Verfilmung einen wahren Kult aus. Die rührende Geschichte von der Möwe, die ihren eigenen Weg sucht, gefiel auch Ingeborg Mall. Als sie 1984 den gut 200 Jahre alten Gasthof in Pommerby übernahm, gab sie dem üppig mit Wein bewachsenen Haus den Namen Möwe Jonathan. Die Schwäbin bekam mit dem meernahen Landgasthof auch viele schöne alte Bilder, Lampen, Möbel und andere antike Gegenstände. Sie ordnete alles so wie in Omas guter Stube und überraschte mit hausgemachten Maultaschen und Käsespätzle auf der Karte. Regionale Küche also, die zwar etwas landschaftlich verschoben, aber so schmackhaft zubereitet auf den Tisch kam, dass das Haus zunächst ein Geheimtipp war und später ein echtes Muss für alle Liebhaber guten Essens der Region wurde.

So begann alles vor mehr als einem Vierteljahrhundert. Da war es nun Zeit für Ingeborg Mall, ihren geliebten Gasthof an ihren Sohn Timo zu übergeben. Der führt den kultigen Landgasthof ganz im Sinne seiner (immer noch präsenten) Mutter weiter. Das heißt, es bleibt bei regionaler Küche – allerdings schwäbischer!

Anfahrt: A 7 Hamburg–Flensburg, Abfahrt Schleswig/Schuby. Der B 201 Richtung Kappeln folgen. Dann auf die B 199 Richtung Gelting. In Bobeck rechts nach Pommerby abbiegen (ca. 3 km).

Gourmet-Tipp, schönes Ambiente

norditeran

Dorfstraße 12
25852 Bordelum
Kreis Nordfriesland
Tel. 04671/9436733
Fax 04671/9436734
www.norditeran.com

Besitzer/Inhaber
Bastian Baumgarten,
Malte Peters

Küchenchef
Malte Peters

Öffnungszeiten:
Mi–So ab 18 Uhr

Ruhetage
Montag, Dienstag

Reservierung
erbeten

Hauptgerichte
ab € 18,–

Menüs
ab € 29,–

Plätze
40, 25 auf der Terrasse

Spezialität
mediterrane Regional-
küche, Wein und Fisch

Kreditkarten
EC-Karte

Nein, hier in Bordelum würde man ein Restaurant wie das norditeran nicht vermuten. Das junge Haus mit seinen jungen Betreibern wirkt mit seinem stylischen Ambiente auf den ersten Blick eher wie ein nettes Szenelokal einer größeren Stadt. Das wird wohl nicht zuletzt daran liegen, dass die Gründer viele Jahre in Berlin tätig waren – unter anderem in so angesagten Häusern wie dem „Borchardt".

Zufall war es, dass die ehemalige Waldorfschule in Bordelum frei wurde, als die Jung-Gastronomen für eine Weile in Nordfriesland ausspannen und neue Ideen entwickeln wollten. Doch die reizvolle Lage der Schule auf einem parkartigen Gelände, der beschauliche Ort und die Vorstellung, sich hier kulinarisch verwirklichen zu können, ließen die Idee reifen, sich hier selbstständig zu machen.

„Norditeran" wollen Bastian Baumgarten und Malte Peters als Küchenprogramm verstanden wissen. Sie bieten eine mediterran inspirierte Nordküche. Auf der (zum Glück) sehr übersichtlichen Karte findet man zum Beispiel gebratenes Rotbarschfilet mit Tomatenrisotto und Zucchini-Oliven-Gemüse (16,50 €) oder eine Zitronengras-Kokossuppe mit gebratener Sesamgarnele (7,– €), aber auch Wiener Schnitzel mit Preiselbeeren (10,50 €), eine Scholle im Ganzen gebraten mit brauner Butter (9,50 €) oder ein Rumpsteak mit Kräuterbutter (11,– €). Dazu kann man Beilagen wie Bratkartoffeln, Pommes Frites, mediterranes Gemüse oder einen gemischten Salat separat ordern.

Kulinarische Experimente sind der solide arbeitenden Küche fremd. Dafür versteht sie, sorgsam mit den ausschließlich frischen Produkten umzugehen, sauber zu würzen und exakt zu garen und abzuschmecken. Begleitet von einem sehr kleinen, aber mit Bedacht (auch mit Blick auf das Budget der Gäste) ausgewählten Angebot an Weinen, lässt sich hier in sehr angenehmer Atmosphäre und umsorgt von einem zuvorkommenden Service manch genussvolle Stunde verbringen.

Anfahrt: Aus Richtung Bredstedt kommend biegen Sie kurz hinter Bredstedt von der B 5 nach links in die Dorfstraße (L 6) Richtung Schlüttsiel/Dagebüll.
Aus Richtung Norden auf der B 5 bis kurz vor Bredstedt, nach rechts in die Dorfstraße (L 6) biegen.

Gourmet-Tipp, schönes Ambiente

Odins Historisches Gasthaus Haddeby

Haddebyer Chaussee 13
24866 Busdorf
Kreis Schleswig-Flensburg
Tel. 04621/850500, Fax 04621/850501
www.gasthaus-haddeby.de

Besitzer/Inhaber
Oliver Firla

Küchenchef
Heiko Lerch

Öffnungszeiten
Mo–So 7–23 Uhr
(7–9 Uhr frisches „fein-
heimisches" Bäcker-
frühstück)

Hauptgerichte
ab € 9,50

Mittagstisch
ab € 6,50

Menüs
ab € 25,–

Spezialität des Hauses
frisches Bäckerfrüh-
stück mit handwerklich
produzierten Back-
waren – ein duftender,
gesunder Tagesbeginn!

Plätze
120 innen, 500 auf der
Terrasse und im Bier-
garten

Kreditkarten
EC-Karte, Mastercard,
Visa

Kurz hinter Schleswig in Richtung Eckernförde, direkt an B 76 liegt der prächtige weiße Gasthof. Die Schlei mit dem Panoramablick auf den Schleswiger Dom bildet die schöne Kulisse auf der einen Seite des Gasthauses. Zur anderen ist es das parkartige Gelände des Wikinger Museums Haithabu. Eine attraktive Lage für die jungen Betreiber und ihre Gäste. Das moderne, sehenswerte Museum mit seinen jährlich Zigtausenden von Besuchern sorgt für Kundschaft, der zauberhafte Blick von den hellen, freundlichen Restauranträumen auf die Schlei lädt zum Verweilen ein.

Doch es sind nicht nur die äußeren Werte dieses gepflegten Hauses, die Ausflügler und Hungrige begeistern. Das Odin, wie sich das „Historische Gasthaus" mit Bezug auf die Nähe zur ehemaligen Wikingersiedlung nennt, überzeugt mit Speisekarte und flottem Service. Auf der Karte stehen in Haddeby Vorspeisen wie Holzofenbaguette mit Backensholzer Deichkäse oder ein Salzauer Antipastiteller mit Edelpilzen, natürlich Fisch, meist von Holmer Fischern, wunderbare Fleischgerichte vom Lammrücken bis zum Rindersteak von „Bunde Wischen" (Galloways) und natürlich auch Desserts für jeden Geschmack. Auf der Speisekarte liest sich das dann beispielsweise so: hausgemachtes Sauerfleisch mit Bratkartoffeln und roten Zwiebeln (9,50 €), Roastbeef rosa „kalt" von Färsen aus Schleswig-Holstein mit Bratkartoffeln und Remouladensoße (12,60 €), fangfrischer Fisch von Schleifischer Jörn Ross, gebraten, mit frischen Nordseekrabben, dazu Petersilienkartoffeln (16,20 €).

Als Mitglied des Vereins „Feinheimisch" fühlen
sich Patron Oliver Firla und sein engagiertes
Team ganz der regionalen Küche verpflichtet.
Frisch und von hier, meist auch nach den stren-
gen Bio-Richtlinien angebaut, werden im Odin
nicht nur die norddeutschen Klassiker (in Neu-
interpretationen) äußerst schmackhaft und
ansehnlich auf die Teller gezaubert. Betritt man
die einladend wirkenden Gasträume, empfängt
einen der Duft von frisch gebackenen Broten.
Die Backstube mit ihrer traditionell handwerk-
lichen Produktion gehört zum Konzept dieses
Hauses, das heute so strahlend dasteht. Darauf
möchte man das Glas erheben, um nicht zuletzt
auf die kenntnisreich zusammengestellte Weinkarte zu trinken.

Anfahrt: Das Gasthaus liegt in direkter Nähe
zum Wikinger Museum Haithabu. A 7 Abfahrt
Schleswig/Jagel. Auf die B 77 Richtung Schleswig, dann nach rechts auf die B 76. Das Restaurant liegt an der B 76 zwischen Schleswig und
Eckernförde.

Ole Liese

Gut Panker
24321 Panker
Kreis Plön
Tel. 04381/90690
Fax 04381/9069200
www.ole-liese.de

Besitzer/Inhaber
Birthe und Oliver
Domnick

Küchenchef
Richard Kahl

Öffnungszeiten
April–Okt.:
tägl. ab 12 Uhr
Nov.–März:
tägl. ab 18 Uhr, Sa u.
So ab 12 Uhr

Eine Tischreservierung
wird empfohlen.

Ruhetage
Montag, Okt.–April
auch Dienstag

Hauptgerichte
ab € 18,–

Mittagstisch
ab € 14,50

Menüs
ab € 35,–

Spezialität des Hauses
Regionale Gourmet-
küche

Plätze
65

Zimmer
20, DZ ab € 57,50

Lässt sich Gutes eigentlich noch verbessern? Mit Blick auf die Ole Liese ist die Antwort: „Ja!" Denn mit dem jungen Pächterpaar Birthe und Oliver Domnick hat das Ensemble aus (ländlich-elegantem) Hotel und Restaurant seinen Charme – und seine Qualitäten – weiter gesteigert. Mit Richard Kahl konnten die Domnicks einen Spitzenkoch verpflichten, der gleichermaßen die französische Hochküche wie auch die bürgerlich-regionale beherrscht. Seine Gourmetmenüs, angelehnt an die französische Küche, präsentiert Kahl im stilvollen Jagdzimmer der Ole Liese, das mit eleganter Tischkultur als Restaurant die Jahreszahl 1797 trägt. Ein historisches Datum für den Landgasthof.

Der Reitknecht des Hofes bekam damals für das Versprechen, das Lieblingspferd seines Herrn, des Fürsten Friedrich Wilhelm von Hessenstein, bis zum Tode zu pflegen, eine Schankwirtschaft mit Konzession. Das geliebte Pferd hieß Ole Liese. Damit sind wir bei dem herrschaftlichen Anwesen, auf dem die Ole Liese liegt: das Gut Panker.

Am Ortseingang fällt der Blick auf das schneeweiße Herrenhaus der früheren Fürsten von Hessenstein, das von einem prachtvoll gepflegten französischen Garten umgeben ist. Um 1800 wurden die Residenz und der Gutshof hier angelegt.

„Hier möchte ich eigentlich nie wieder weg", schrieb Vicco von Bülow alias Loriot in das Gästebuch des Hauses und drückte damit ein Gefühl aus, das wohl jeden überkommt, der

durch Panker geht und sich in einer anderen Welt glaubt. Kein Wunder, dass die Ole Liese bei der Prominenz aus Politik, Adel oder der Medienwelt stets sehr beliebt war und ist.

Anfahrt: A 1 Abfahrt Oldenburg Süd, dann auf die B 202 Richtung Lütjenburg. Dort der Ausschilderung nach Panker folgend auf die L 165 nach Panker.

Kreditkarten
EC-Karte, Mastercard, Visa

Besonderheiten
prachtvolle historische Gutsanlage; Ostsee 8 km

Osterkrug

Treenestraße 30
24896 Treia
Kreis Schleswig-Flensburg
Tel. 04626/550
Fax 04626/1502
www.osterkrug-treia.de

Besitzer/Inhaber
Günther Schwarten

Küchenchef
Detlef Stache

Öffnungszeiten
Küche 11.30–14 Uhr
u. 17–22.30 Uhr

Hauptgerichte
ab € 7,50

Spezialität des Hauses
Lamm

Plätze
80, 30 auf der Terrasse

Zimmer
5, EZ ab € 45,–

Kreditkarten
EC-Karte, Mastercard,
Visa

Besonderheiten
Wanderwege an der
Treene, Reitmöglichkei-
ten

Das ist ein Krug ganz nach dem Herzen derer, die regionale Spezialitäten genießen möchten. In seinem schönen reetgedeckten Haus bietet der Osterkrug nicht nur gemütliche Übernachtungs-möglichkeiten, sondern auch einen Kneipen-raum für das kleine Bier zu Sauerfleisch und Bratkartoffeln, und schließlich gibt es das gemütlich eingerichtete Restaurant für den gehobenen Anspruch. Das schon rund 300 Jahre alte Gasthaus ist nicht nur kinderfreundlich, sondern auch auf Senioren eingestellt, die sich hier sowohl auf den liebevollen Service als auch auf eine ihren Ansprüchen entgegenkommende Speisekarte verlassen dürfen. Patron Günther Schwarten hat längst die Zeichen der Zeit nicht nur im Servicebereich, sondern auch in der Küche erkannt. Dort sorgt Küchenchef Detlef Stache für gleichbleibende Qualität und Kreati-vität. Je nach Jahreszeit bekommt man hier Spe-zialitäten wie Treianer Lammpfanne oder nord-friesische Bauernsuppe gereicht. Neben einem ansprechenden Gourmetmenü findet man im Osterkrug auch sauer eingelegte Heringe oder Schwarzbrot mit Holsteiner Katenrauchschinken. Wer möchte, kann sich dazu aus der Weinkarte einen edlen Tropfen bestellen. Das Haus setzt auch hier auf den preisbewussten Gast, der einen guten, sauberen Wein schätzt, aber nicht die ganz großen Gewächse sucht.

Anfahrt: Treia liegt zwischen Schleswig und Husum. A 7 Hamburg–Flensburg, Abfahrt Schles-wig/Schuby. Der B 201 Richtung Husum folgen. Der Osterkrug liegt direkt an der Bundesstraße.

Redderhus-Krog

Hauptstraße 2
24361 Holzbunge
Kreis Rendsburg-Eckernförde
Tel. 04356/995677
Fax 04356/995684
www.redderhus-krog.de

Der Gasthof Redderhus-Krog liegt im Herzen Schleswig-Holsteins inmitten der Naturlandschaft Hüttener Berge. Nicht nur seine Lage, auch die gepflegte Ausstrahlung des historischen Hauses lockt die Gäste. Vor einigen Jahren wurde der ehemalige Bauernhof restauriert und mit einem ansprechenden Café-Restaurant ausgestattet.

Im Redderhus-Krog stimmt aber nicht nur der äußere Schein, sondern auch das Küchenangebot: Es bietet eine angenehm überschaubare Karte mit Fisch vom Wittensee, Käse aus Holtsee, Wild, Fleisch, Obst und Gemüse aus den Hüttener Bergen. Regionale Kost und sehr empfehlenswerte Fischgerichte bestimmen die Speisekarte, die nicht nur mit schmackhaften Gerichten, sondern auch mit sehr gastfreundlichen Preisen punktet.

Anfahrt: A 7 Abfahrt Rendsburg/Büdelsdorf, dann die B 203 Richtung Eckernförde. Der Redderhus-Krog liegt nach ca. 6 km direkt an der Bundesstraße auf der rechten Seite.

Besitzer/Inhaber
Petra Heuck

Öffnungszeiten
Mi–Sa ab 17.30 Uhr
So Brunch ab 10 Uhr
ab Mai tägl. 10.30–
20 Uhr Verkaufswagen
auf dem Parkplatz

Hauptgerichte
ab € 8,50

Spezialität des Hauses
Fischgerichte, landestypische Saisongerichte

Plätze
45, 40 im Bauerngarten, im Saal bis zu 120

Kreditkarten
EC-Karte

Restaurant Karsten Wulff

Museumsweg 4
25980 Keitum/Sylt
Kreis Nordfriesland
Tel. 04651/30300
www.karsten-wulff.de

Besitzer/Inhaber
Elke und Karsten Wulff

Küchenchef
Karsten Wulff

Öffnungszeiten
12–14.30 Uhr
u. ab 17.30 Uhr

Ruhetag
Sonntag
Ende November bis
Mitte Februar geschlossen

Hauptgerichte
ab € 21,–

Mittagstisch
ab € 15,–

Menüs
ab € 49,–

Spezialität des Hauses
Fischgerichte

Plätze
50, 30 auf der Terrasse

Kreditkarten
EC-Karte

Wer auf Sylt nach einem wirklich guten Fischrestaurant sucht (und nicht nach angesagten Fischbuden!), der muss Karsten Wulff in seinem zauberhaften Restaurant in Keitum besuchen. „Das kleine weiße Schlösschen" heißt es bei Wulffs Gästen. Und von denen hat der aufgeschlossene Koch viele. Seine Gäste lieben Fisch und die unkomplizierte, aber köstliche und durchaus raffinierte Zubereitung durch den welterfahrenen Küchenchef. Deshalb kommen sie in das kleine weiße Schlösschen, das nie feudale Bewohner hatte, sondern früher einmal eine Bäckerei war. Aber das ist lange her. Heute ist das Keitumer Haus, das gegenüber dem Heimatmuseum liegt, Pilgerstätte für Freunde guten Essens.

In dem rund hundert Jahre alten Bau mit seinen markanten Giebeln tischt Fisch-Spezialist Wulff Kreationen auf, die weit weg vom fischigen Allerlei vieler Küchen auf der Insel (und am Festland) sind. Der gebürtige Sylter weiß nämlich nicht nur souverän mit den Wassertieren umzugehen, er weiß auch viel über sie zu berichten.

Seine Gäste überrascht er mit so unverbrauchten Köstlichkeiten wie Limandes, Lengfisch, Merlan oder Merluza. Wer nie von diesen Kiementrägern gehört hat, wird von Wulff aufgeklärt. Jede Woche gibt der Fischliebhaber eine Klappkarte heraus, in der er einen Fisch porträtiert.

Apropos Wissen: Karsten Wulffs Ehefrau, die Service-Chefin in den champagnerfarbenen, rot akzentuierten Räumen mit viel maritimer

Kunst, weiß natürlich auch Bescheid. Nicht nur, welche Fischgerichte gerade auf den Tisch kommen, sondern auch, welcher Wein zu Sylter Pannfisch nach feiner Art, Bouillabaisse des Nordens oder Limandesfilet am besten passt. Der unaufdringliche und doch sehr persönliche Service rundet das Mittagessen oder das Abendmenü im Restaurant Karsten Wulff harmonisch ab.
Übrigens: Wer keine Lust auf Fisch hat – das soll es ja geben –, für den haben die Wulffs auch noch die Karte „Es geht auch ohne Fisch".

Anfahrt: Der Museumsweg befindet sich im historischen Ortskern von Keitum in der Nähe des Heimatmuseums und geht vom Kirchenweg ab.

Restaurant Seebüll
25927 Neukirchen
Kreis Nordfriesland
Tel. 04664/983970
www.nolde-stiftung.de

Besitzer/Inhaber
Theodor-Schäfer-
Berufsbildungswerk
Husum

Küchenchef
Thomas Friess

Öffnungszeiten
März–Nov. tägl. 9–23
Uhr

Hauptgerichte
ab € 12,50

Spezialität des Hauses
regionale Gerichte,
moderne Küche

Plätze
80, 60 auf der Terrasse

Zimmer
im Gästehaus Seebüll
5 DZ, 2 App.
ab € 110,– p. P.

Kreditkarten
EC-Karte, Visa

Besonderheiten
historisches Noldehaus,
Bildersaal und Garten
des Künstlers

Das Nolde-Museum in Seebüll hat sich 2007 eine Rundumerneuerung gegönnt. Mit seinen neuen, architektonisch bemerkenswerten Bauten gewann der Wohn- und Schaffensort des weltberühmten Künstlers Emil Nolde nicht nur an Attraktivität, sondern auch ein Restaurant, für das allein sich der Weg schon lohnt.

Mit Thomas Friess konnte das Haus einen Küchenchef mit internationaler Erfahrung und hohen Ansprüchen an die eigene Kochkunst engagieren. Auch wenn Friess die französische Hochküche als Vorbild hat, weiß er doch vor allem mit den regionalen Produkten kreativ umzugehen, sein Speiseplan ist inspiriert durch den historischen Noldegarten mit seinen Kräutern und Blumen. Mittelpunkt seiner Küche bilden regionale Spezialitäten wie Nordseefische, Salzwiesenlämmer und Gallowayrinder aus den Marschen.

„Das Auge isst immer mit", weiß der Chef de Cuisine. „Wenn ich ein neues Gericht kreiere, gehe ich gerne durch die Ausstellung im Noldehaus und lasse mich von den kräftigen Farbwelten des Malers für das Arrangement auf dem Teller inspirieren."

Ein Beispiel für die kreative Friess-Küche ist sein Herbstmenü, das sich so liest: Cremesuppe von Karotten und Ingwer mit gebackenen Tofu-Couscous-Sesambällchen, Entenbrust gebraten an Gewürz-Kirschsoße, Rahmwirsing und Serviettenknödel von der Brezel, als Dessert Gratiniertes Parfait von der Papaya mit Tatar von Ananas, Kiwi und Papaya an Safran-Sabayon. Kostenpunkt: 30,– €. Ein sehr fairer Preis.

Auf der kleinen Standardkarte der Küche finden sich auch Klassiker wie Matjesfilet mit Bratkartoffeln (8,80 €), Steinbuttfilet mit schwarzen Nudeln (19,50 €) oder Rotbarschfilet mit Spinat (12,80 €). Und dank der unmittelbaren Nähe zu Dänemark gibt es in Seebüll auch Smørrebrød (8,50 €).

Wissen sollte man noch, dass dies ein Ausbildungsrestaurant ist und vom Theodor-Schäfer-Berufsbildungswerk Husum geleitet wird. Eine Institution, die sich zum Ziel gesetzt hat, Menschen mit Handicaps auf Berufe unter anderem in der Gastronomie vorzubereiten. In Seebüll kann man erleben, wie erfolgreich und sympathisch das gelingt.

Anfahrt: Ab Niebüll und Süderlügum ausgeschildert.

Schönes Ambiente

Restaurant Seehof
Gartenweg 30
23730 Sierksdorf
Kreis Ostholstein
Tel. 04563/8240
Fax 04563/7485
www.seehof-sierksdorf.de

Besitzer/Inhaber
Joachim Kallmorgen

Küchenchef
Markus Gerlach

Öffnungszeiten
ab April: ab 12 Uhr
durchgehend warme
Küche

Hauptgerichte
ab € 11,75

Menüs
ab € 23,–

Spezialität des Hauses
saisonale und regionale
Spezialitäten, interna-
tionale Klassiker sowie
hausgebackene Kuchen

Plätze
70, 60 auf der Terrasse

Zimmer
19, ab € 65,– p. P.

Karten
EC-Karte, Mastercard,
Visa

„Logenplatz an der Ostsee" nennen Marianne und Joachim Kallmorgen selbstbewusst ihr Hotel-Restaurant. Sie haben allen Grund, stolz auf ihr über hundert Jahre altes und doch immer frisch gebliebenes Kleinod zu sein. Zum einen ist es eine beachtliche Lebensleistung der mittlerweile über 80-jährigen Kallmorgens, die sie mit ihrem charmant geführtem Haus geschaffen haben, zum anderen ist die Lage direkt an der Lübecker Bucht mit freiem Blick auf dieselbe ein sofort akzeptierter Grund für hymnische Schwärmereien.

Kallmorgen, der ein Nachkomme des impressionistischen Malers Friedrich Kallmorgen (1856–1924) ist, hat kurz nach dem Zweiten Weltkrieg begonnen, den ehemaligen Sommersitz seiner Familie in eine angesagte Oase der Ruhe zu verwandeln. Axel Springer und Kurt Furtwängler zählten zu den ersten Gästen. Bis heute gilt der Seehof als Geheimtipp bei Promis. Doch die stören nicht.

Ruhe und Entspannung findet man nicht nur in den individuell eingerichteten Zimmern und Suiten, sie ist auch in dem Restaurant des Landhauses zu finden. Warme Farben und die Bilder von Friedrich Kallmorgen schaffen den Rahmen für eine bodenständige, frische Küche, die es versteht, die rustikale Holsteiner Kost sehr schmackhaft zuzubereiten. Die erfreulich kleine Karte zeigt auch ein solides Preis-Leistungs-Verhältnis (zum Beispiel Ostholsteinisches Rumpsteak mit Bratkartoffeln, Blattspinat und Pfefferrahmsoße, 22,75 €, rosa gebratenes Lammkarree auf Ragout von Bohnen mit Gratinkartoffeln und Rosmarinjus 25,75 € oder kross gebratene Scholle „Finkenwerder Art" mit Petersilienkartoffeln und Gurkensalat mit Dill 15,75 €). Im Sommer sitzt man auf der Terrasse und blickt auf die Ostsee oder in den sehr gepflegten (einen Hektar großen) Park. Eben ein Logenplatz!

Anfahrt: Über die A 1, von Süden kommend an Lübeck vorbei, Ausfahrt Eutin/Sierksdorf, von Norden Ausfahrt Neustadt-Mitte. Nach Sierksdorf der Beschilderung folgen.

Riesby Krog

Dorfstraße 37
24354 Rieseby
Kreis Rendsburg-Eckernförde
Tel. 04355/181787
Fax 04351/667632
www.riesbykrog.de

Besitzerin/Inhaberin
Maria von Randow

Küchenchefin
Maria von Randow

Öffnungszeiten
ab Ostern:
tägl. ab 12 Uhr
Wintersaison:
Di–Do ab 17 Uhr,
Fr–So ab 12 Uhr

Reservierung
am Wochenende
empfohlen

Ruhetag
Montag

Hauptgerichte ab
ab € 13,50

Menüs
ab € 29,50

Spezialität des Hauses
Schmankerle – zumeist
vegetarische, immer
absolut saisonale und
regionale kleine Gemü-
se-Vorspeisen, gerne
für zwei

Es gab diesen Krug nicht mehr. Das schmucke, 1850 erbaute Haus im Ortskern stand leer. Der Gasthof hatte keinen Pächter, Rieseby keinen Treffpunkt. 2007 wagte sich Maria von Randow an den renovierungsbedürftigen Landgasthof. Die lebensfrohe, kulturinteressierte Verfechterin einer bodenständigen, regionalen Küche hauchte dem Gasthof nicht nur neues Leben ein – sie verschrieb ihm eine Rosskur. Mit Blick für den historischen Charme und ausgestattet mit einem kreativen Talent für Einrichtung und Gestaltung verwandelte sie den Krug in einen urgemütlichen Treff für die Dorfbewohner und all die (vielen) Gäste, die wegen ihrer guten Küche weite Wege in Kauf nehmen.

Damit nicht nur alles gut schmeckt, sondern auch mit gutem (Bio-)Gewissen verspeist werden kann, weist die Chefin auf ihr Einkaufskonzept hin. Sie ist seit Eröffnung des Hauses Mitglied bei „Feinheimisch", kauft also vorwiegend regional und saisonal ein. Zudem ist das Restaurant von Bioland zertifiziert.

Auf der Speisekarte liest sich das so: Kotelett oder Schnitzel vom fröhlichen Landschwein, Salat vom Freiland, Kartoffelquetsche (13,50 €), hausgemachtes Sauerfleisch mit Bratkartoffeln und Freilandsalat (12,50 €) oder das Landschaf im Rosmarinduft, Polenta und Schlei-Oliven (13,50 €). Eine kleine Auswahl an vegetarischen Gerichten und (leckeren) Desserts sowie eine Kinderkarte runden das Speiseangebot ab. Die überschaubare Weinkarte bietet passende Begleiter.

Gut Ding will Weile haben – das gilt auch schon mal für das Essen in dem charmant geführten Haus. Reichlich Lektüre und die Vorschau auf all die (kulturellen) Aktivitäten in diesem lebendigen Krug verkürzen aber jede Pause.

Anfahrt: Von Eckernförde aus über die Riesebyer Straße/L 27 nach Norden, nach etwa 7 km in Rieseby links abbiegen auf die Dorfstraße/K 83.

Plätze
40, 18 im Roten Zimmer, 50–80 im Saal, 50–60 im Rosengarten

Kreditkarten
alle

Ringhotel Friederikenhof

Langjohrd 15–19
23560 Lübeck-Oberbüssau
Tel. 0451/800880
Fax 0451/80088100
www.friederikenhof.de

Besitzerin/Inhaberin
Heide Meyer

Küchenchef
Dirk Werner

Öffnungszeiten
**Mo–So 18–21.30 Uhr,
Di–So auch 12–14 Uhr**

Ruhetag
Montagmittag

Hauptgerichte
ab € 12,50

Menüs
ab € 31,50

Plätze
60 u. 60 Gartenplätze

Zimmer
**30, ab € 80,– p. P. inkl.
Frühstück**

Kreditkarten
**EC-Karte, Mastercard,
Visa**

Zauberhaft. Dieses Wort fällt einem spontan ein, wenn man auf das Anwesen des ehemaligen Gutshofs fährt. Das historische Ensemble mit seinen imposanten Backsteingebäuden, die gepflegten parkartigen Grünflächen mit dem alten Baumbestand, den hübschen Gartenmöbeln und Strandkörben – alles lädt hier zum Verweilen ein. Die Gastgeber Familie Meyer schafft es, die Wohlfühlatmosphäre bis in ihre farbenfroh eingerichteten Landhauszimmer aufrechtzuerhalten.

Beste Landhausatmosphäre umfängt den Gast auch im Restaurant und den drei Bankett-räumen des Friederikenhofs. Ob im „Pesel", „Gartenzimmer" oder „Schweinestall", überall bestimmen warme Farben, alte Hölzer, antikes Mobiliar und dezenter Blumenschmuck die Speiseräume. Hier darf man eine gute Küche erwarten.

Regionale Produkte ideenreich präsentiert – so lässt sich die Küche des Hauses kurz umschreiben. Feine Würze, akzentreiche Aromen, eine saubere Zubereitung und kreative Präsentation auf den Tellern lassen das Essen hier zu einem runden Genuss werden.

Der Auszug aus der (stets wechselnden) Speisekarte belegt die Kochlust im Friederikenhof: Salat von frischen Feigen, Walnüssen und Frisée mit gehobeltem Bio-Deichkäse (9,50 €), Kürbiscremesuppe mit gebackener Rotwurstpraline (7,50 €), gebratenes Filet von der Meeräsche mit glacierten roten Rüben und Meerrettich-Graupenrisotto (17,90 €), 7 Türme Gericht:

Filet und Bauch vom Susländer Schwein mit Pflaumenchutney, Sauerkrautküchlein und Kartoffelerbsenpüree (16,50 €).

Anfahrt: Auf der A 1 bis Lübeck-Moisling, von dort Richtung Niendorf und weiter nach Oberbüssau. Danach der abknickenden Vorfahrt nach links folgen, die Straße ist im letzten Stück nur noch für Anlieger frei. Sie sehen den Friederikenhof auf der linken Seite.

Roter Haubarg
Sand 5
25889 Witzwort
Kreis Nordfriesland
Tel. 04864/845
Fax 04864/271941
www.roterhaubarg.de

Besitzer/Inhaber
Karina und Jürgen Reck

Küchenchef
Oliver Kilbert

Öffnungszeiten
11–22 Uhr

Ruhetag
Montag

Hauptgerichte
ab € 8,–

Mittagstisch
ab € 8,–

Spezialität des Hauses
Lammgerichte

Plätze
95, 80 auf der Terrasse

Kreditkarten
keine

Besonderheiten
Museum und Parkanlage

Der Besitzerwechsel vor einigen Jahren ist diesem einmaligen Restaurant gut bekommen. Im Roten Haubarg versteht man es nun nicht nur zu kochen, sondern auch, sich freundlich und zuvorkommend um die Gäste zu kümmern.
Wer jetzt den Mitte des 18. Jahrhunderts erbauten Haubarg aufsucht, um dort regionale Gerichte zu genießen, darf sich je nach Saison auf (nordfriesische) Lamm- oder Wildgerichte, exquisite Fischspezialitäten oder aber auf den leckeren selbst gebackenen Kuchen freuen.
Auf der Speisekarte findet man aber nicht nur die kulinarischen Angebote, sondern auch die Geschichte des Roten Haubargs, der gar nicht rot, sondern weiß ist.
In einem kleinen Museum unter dem Dach des imposanten Gebäudes werden die bäuerliche Kultur der Region und die besondere Bauweise des Haubargs vorgestellt. In den gepflegten Gasträumen wandert der Blick über die Wände, die mit kostbaren alten Kacheln gefliest sind, hin zu den reich mit Schnitzereien versehenen Möbeln. Ein bezauberndes Ambiente, das durch farbige Holzdecken und die Bohlenböden seine Vollendung erhält.

Anfahrt: Von Süden wie Norden auf die B 5 fahren, zwischen Husum und Heide der Ausschilderung nach Witzwort folgen. Der Rote Haubarg ist hier ausgeschildert.

Schönes Ambiente

Schanze am See

Einfelder Schanze 96
24536 Neumünster-Einfeld
Kreis Neumünster
Tel. 04321 95 95 80
Fax 04321 95 95 82
www.schanzeamsee.de

Seit vielen Jahren gehört dieses Gasthaus zu den Attraktionen im Lande. Die idyllische Lage am Einfelder See, der historische Bau und die gemütliche Atmosphäre in den Gasträumen des reetgedeckten Landhauses machen seinen Reiz aus. Nach einem Pächterwechsel wurde das Haus Ende 2004 komplett saniert und renoviert, bekam einen imposanten Wintergarten und ein neues gastronomisches Konzept.

Die übersichtliche Speisekarte präsentiert regionale Spezialitäten, aber auch kulinarische Wochen, die einem Thema wie etwa dem Hummer gewidmet sind. Sie signalisieren, dass hier eine ambitionierte Küche tätig ist. Die enttäuscht auch nicht, sondern bewährt sich vor allem bei den deftigen Gerichten als solide. Der freundliche Service und die ansprechende Atmosphäre in den von Jagdtrophäen und satten Rot- und Grüntönen bestimmten Räumen unterstützen das Wohlbefinden.

Der Name Schanze verweist auf die Historie des Hauses. So gehörte es im späten 18. Jahrhundert zu einer Wehranlage. Dann wurde es Poststation und schließlich bis in die 1960er Jahre als Bauernhof genutzt. Heute ist es nicht nur Ziel für Hungrige, die hier zu Mittag oder Abend speisen wollen, sondern auch beliebter Zwischenstopp bei Spaziergängern.

Anfahrt: A 7 Abfahrt Neumünster-Nord. Auf die L 328 Richtung Neumünster. Nach links auf den Stoverweg (K 1), dann links auf die Kieler Straße (L 318), die zur Einfelder Schanze wird.

Besitzer/Inhaber
Pierre Schiffmann

Küchenchefs
Pierre Schiffmann u. Michael Huk

Öffnungszeiten
Mo–Sa ab 11.30 Uhr, So ab 9 Uhr

Hauptgerichte
ab € 16,–

Menüs
ab € 55,–

Spezialität des Hauses
bodenständige, junge, kreative Küche

Plätze
180, 100 auf der Terrasse

Kreditkarten
EC-Karte, Amex, Mastercard, Visa

Besonderheiten
historisches Gebäude, Seelage, Naturschutzgebiet

Schlie-Krog

Dorfstraße 19
24351 Sieseby
Kreis Rendsburg-Eckernförde
Tel. 04352/2531
Fax 04352/1580
www.schliekrog.de

Besitzer/Inhaber
Peter Möller

Küchenchef
Peter Möller

Öffnungszeiten
Küche 12–14.30 Uhr
u. 18–21 Uhr

Ruhetag
Montag

Reservierung
erforderlich

Hauptgerichte
ab € 14,–

Mittagsmenü
ab € 12,–

Menüs
ab € 25,–

Spezialität des Hauses
Siesebyer Fischsuppe,
Dorschfilet mit Senf-
soße

Plätze
50, 30 auf der
Terrasse

Der Krog in Sieseby liegt an der Schlei. Wer an
ihr entlangspaziert ist und nun das kleine Land-
gasthaus betritt, den erwartet ein gefälliges
Arrangement von Tischen, Leuchtern, Bildern
und feinem Tafelsilber. Der Schlie-Krog legt
Wert auf Stil und Behaglichkeit. Vor über 20
Jahren übernahmen Renate und Peter Möller
den Traditions-Krog. Möller erkannte, dass um
ihn herum nahezu alle Gastronomen die gleichen Speisen anboten und dass sich langsam
auch im hohen Norden immer mehr Gäste für
eine gute, ja, gehobene Küche interessierten.
Deshalb nahm er die Verfeinerung seines Ange-
bots in Angriff. Auch wenn Sieseby nicht ganz
leicht zu finden ist, zieht die Bilderbuchland-
schaft doch schon lange Touristen an, die das
ländliche Idyll suchen. Unter diesen sind viele
Großstädter, die ein qualitätsbewusstes Restaurant mit bodenständiger Küche in dieser Gegend
geradezu herbeigesehnt haben. So trafen sich
Koch und Gäste auf einem Niveau, das längst
respektvoll in den großen Gourmetführern der
Republik erwähnt wird. In dem Haus, das seit
seiner Erbauung 1846 zunächst als Pastorat
und Bürgermeisteramt diente, später um einen
Kurzwarenhandel erweitert und schließlich als
Krog genutzt wurde, schrieb Peter Möller ein
Stück Geschichte der regionalen Küche. Für ihn
spielte dabei immer die Bezugsquelle seiner stets
frischen Produkte eine wichtige Rolle. Möllers
weit über die Landesgrenze gerühmten Fischgerichte werden mit Fängen aus der Schlei oder
der Nord- und Ostsee zubereitet. Das Gemüse
liefern die Bauern der näheren Umgebung, und

das Wild kommt aus den Wäldern des Prinzen
zu Schleswig-Holstein, der nicht nur Eigentümer des Schlie-Krogs, sondern des gesamten
Grundbesitzes im Ort ist.

Schon der Kaffee vor dem Restaurant, der Blick
auf die Fassade des Hauses, das Erschnuppern
der Küchendüfte, wenn um die Mittagszeit oder
kurz vor 18 Uhr die ersten Gerichte ihre verlockende Duftspur legen, bilden ein Gemisch aus
Behaglichkeit und Gourmet-Vorfreuden. Allerdings sollte man sich nicht erst vor der Tür des
Krogs für ein Essen an seinen schön gedeckten
Tischen entscheiden, sondern rechtzeitig vor-
bestellen, denn der Schlie-Krog ist schon lange
kein Geheimtipp mehr. Wer einmal dort war,
kann von der gelungenen regionalen Küche
ebenso berichten wie von dem persönlichen Service unter der Leitung von Renate Möller.

Anfahrt: Sieseby liegt an der Schlei. A 7 Abfahrt
Büdelsdorf/Eckernförde. Der B 203 Richtung
Eckernförde, dann Richtung Kappeln folgen. Bei
Grünholz nach Thumby abbiegen, dort Rich-
tung Schlei/Sieseby (K 77) fahren.

Zimmer
**2 App. à € 135,– für
2 Pers. inkl. Frühstück**

Kreditkarten
EC-Karte, Mastercard

Besonderheiten
**Wanderwege, Museen,
gute Radfahrmöglich-
keiten**

Schülper Kroog

Schmiedestraße 1
24731 Schülp
Kreis Rendsburg-Eckernförde
Tel. 04331/8215
www.schuelperkroog.de

Besitzer/Inhaber
Walter Stampfl

Küchenchef
Walter Stampfl

Öffnungszeiten:
tägl. ab 17 Uhr, So u.
feiertags ab 11 Uhr

Ruhetag
Dienstag

Hauptgerichte
ab € 6,–

Menüs (nur auf Bestellung)
ab € 17,–

Spezialität des Hauses
Büfetts mit Spezialitä-
ten aus Schleswig-Hol-
stein und Südtirol

Plätze
30, 20 im Biergarten

Es sind die Lage und die bodenständige, ja, herzlich zu nennende Atmosphäre, die den Schülper Kroog so beliebt bei den Gästen macht, dass diese auch gern einige Kilometer fahren, um in ihren Landgasthof zu kommen.

Das beschauliche Schülp, in unmittelbarer Nähe des Nord-Ostsee-Kanals, bietet die beste Kulisse für eine rustikale norddeutsche Küche, die vor allem mit ihren frischen Fischgerichten punkten kann. Klar gibt es hier auch ein umfangreiches Angebot an sonstigen Gerichten. Besonders zu empfehlen ist da das hausgemachte Sauerfleisch mit krossen Bratkartoffeln (7,– €) oder das schlichte Bauernfrühstück mit Landrauchschinken (6,50 €).

Fischfreunde sollten das in Weißwein pochierte Steinbeißerfilet (12,50 €) oder die fein gegarte Forelle probieren.

Für hungrige Radler am Kanal ist der Schülper Kroog der ideale Ort zur Einkehr. Im Sommer bleibt man gleich im Garten des Kroogs sitzen und genießt hier sein Essen mit einem gut gezapften Bier.

Anfahrt: Das Haus liegt im Ortskern von Schülp bei Rendsburg. Über die A 7 bis Rendsburg, von dort auf die B 202 Richtung Rendsburg-Mitte. Immer geradeaus bis zum Kreisverkehr, dort die erste Ausfahrt (Lindenallee). Durch Westerrönfeld weiter auf der Dorfstraße nach Schülp.

In unmittelbarer Nähe des
Schülper Kroogs überspannt
die 1911 bis 1913 erbaute
Eisenbahnbrücke den Nord-
Ostsee-Kanal. Sie und die
angehängte Schwebefähre
für Fußgänger und Fahr-
zeuge sind eines der bedeu-
tendsten Technikdenkmäler
in Deutschland – und daher
nach einem guten Essen
allemal einen Abstecher wert.

Seeblick
Genuss und Spa Resort

Strunwai 13
25946 Norddorf/Amrum
Kreis Nordfriesland
Tel. 04682/9210, Fax 04682/2574
www.seeblicker.de

Besitzerin/Inhaberin
Nicole Hesse

Küchenchef
Gunnar Hesse

Öffnungszeiten:
tägl. Küche 11.30–21
Uhr

Hauptgerichte
ab € 12,–

Mittagstisch
ab € 9,50

Menüs
ab € 26,–

Spezialität des Hauses
ideenreiche Regional-
küche: Amrumer Pann-
fisch, Variation vom
Salzwiesenlamm, Zan-
der in der Meersalz-
kruste

Plätze
95, 60 auf der Terrasse

Zimmer
46, ab € 55,–

Kreditkarten
EC-Karte, Mastercard,
Visa

Mit viel Stilgefühl und dem offensichtlichen Wunsch, es dem Gast so angenehm wie möglich zu machen, hat Familie Hesse ihr ruhig gelegenes Hotel und Restaurant eingerichtet. Die englische Kultdesignerin Laura Ashley stand dabei vor allem in den Zimmern und Suiten häufig Pate. In dem 100-Plätze-Restaurant findet sich der Landhausstil als moderne, klare Variante. Dunkles Holz, elegante Streifenstoffe und eine unaufdringliche, geschmackvolle Tischkultur geben dem großen Speiseraum eine angenehme, behagliche Atmosphäre.

Mit Gunnar Hesse steht ein ebenso erfahrener wie kreativer Koch am Herd. Hesse hat seine Lehr- und Wanderjahre vorwiegend in der Sternegastronomie absolviert. In einem der Häuser lernte er auch seine Frau kennen, mit der er im elterlichen Betrieb die Tradition einer anspruchsvollen, aber bodenständigen Gastronomie fortsetzt.

Als Mitglied des Vereins „Feinheimisch" und der Vereinigung „Gastliches Wikingland", die jährlich das Schleswig-Holstein Gourmet Festival ausrichtet, fühlen sich die Insulaner einer regionalen Küche verpflichtet. „Gunnar Hesse und sein Team kaufen möglichst nur bei Händlern, die uns bekannt sind und die, wie auch wir, die beste Qualität wollen. Ob Amrumer Wildaustern, Lamm aus Eiderstedt oder Grünkohl aus Vierlanden, wir wissen, wo die Produkte herkommen", lassen die Hesses die Gäste wissen. In der Speisekarte finden sich deshalb vorwiegend regionale und saisonale Angebote. Die sehr zivilen Preise (3-Gang-Menü 26,– €, Hauptgerichte

ab 12,– €) machen zusätzlich Appetit auf die Hesse-Küche. Dazu offeriert das Haus eine ansprechende und von Kenntnis geprägte Wein-karte. Kurzum: Das Seeblick ist für (anspruchs-volle) Genießer ein Muss!

Anfahrt: Die Insel Amrum ist zu erreichen mit der Fähre über Dagebüll. In Wittdün auf der Insel angekommen geht's in den Norden der Insel nach Norddorf.

Gourmet-Tipp, schönes Ambiente

Seehotel Eichenhain
Eichenhain 2
23730 Neustadt-Pelzerhaken
Kreis Ostholstein
Tel. 04561/53730
Fax 04561/537373
www.eichenhain.de

Besitzer/Inhaber
Jan-Walter Schnoor

Küchenchef
Lars Krabbenhöft

Öffnungszeiten
12–14 Uhr u. 18–21 Uhr

Hauptgerichte
ab € 15,–

Mittagstisch
ab € 8,–

Menüs
ab € 30,–

Spezialität des Hauses
leichte gehobene Küche, erstklassige Fischgerichte

Plätze
80, 60 auf der Terrasse

Zimmer
26, DZ ab € 60,– p. P. inkl. Frühstück und Nutzung des Spa-Bereichs

Kreditkarten
EC-Karte, Amex, Mastercard, Visa

Dieses Haus gehört zu den erfreulichen Entwicklungen an der Ostseeküste Schleswig-Holsteins. Denn seit Jan-Walter Schnoor 2004 von seiner gastronomischen Wanderschaft durch die besten Hotels und Restaurants der Republik in seine Heimat und das Haus seiner Eltern zurückgekehrt ist, weht ein frischer Wind in dem direkt am Strand gelegenen Familienbetrieb. Mit erheblichen Investitionen, klaren Visionen und einem ausgeprägten Gefühl für Stil und Komfort hat Schnoor sein Erbe fit für die Zukunft gemacht. „Villa am Meer" nennt der engagierte Hotelier gern sein von südländischem Flair geprägtes Haus.

So gehört zum Viersternehotel mit seinen freundlichen und modern eingerichteten Zimmern, Appartements und Suiten nicht nur ein sehr attraktiver 3000 Quadratmeter großer Wellnessbereich, der keine Wünsche offen lässt, sondern auch ein Restaurant mit Genuss-Garantie. Die Küche unter der Leitung von Lars Krabbenhöft liegt dem leidenschaftlichen Feinschmecker und gelernten Koch Jan-Walter Schnoor besonders am Herzen. Zum Glück für seine Gäste. Die bekommen hier traditionelle Gerichte wie frische Scholle mit Bratkartoffeln oder Holsteiner gesottene Ochsenbrust ebenso überzeugend zubereitet wie mediterran inspirierte Feinschmeckereien. Da bietet die Karte dann unter anderem gebratene Tranche vom Steinbutt mit Safran-Limonenbutter und Fencheltatar oder Medaillons vom Hirschrücken mit einer Thymian-Pinienkruste.

Besonders empfehlenswert ist im Restaurant Eichenhain auch der gebratene Lammrücken mit Barolosoße. Eine übersichtliche Weinkarte bietet zu den Gerichten die passende Begleitung.

Anfahrt: Über die A 1 Ausfahrt Neustadt-Mitte in Richtung Zentrum. Am Neustädter Hafen überqueren Sie die Brücke und folgen der Hauptstraße/Waschgraben bis zur ersten Ampelkreuzung. Beschilderung nach Pelzerhaken folgen, im Zentrum rechts abbiegen, das Hotel ist ausgeschildert.

Gourmet-Tipp, schönes Ambiente
(s. a. Top-Restaurants)

Stolz

Markt 24
24306 Plön
Kreis Plön
Tel. 04522 503 20
Fax 04522 50 32 10
www.hotel-restaurant-stolz.de

Besitzer/Inhaber
Christiane und Robert Stolz

Küchenchef
Robert Stolz

Öffnungszeiten
Di–So ab 18 Uhr, So u. feiertags auch 12–14 Uhr

Ruhetag
Montag

Hauptgerichte
ab € 26,–

Menüs
ab € 56,–

Spezialität des Hauses
frische, kreative Küche mit Produkten aus der Region

Plätze
40, 25 auf der Terrasse

Zimmer
2 EZ ab € 84,–
3 DZ à € 128,–

Kreditkarten
EC-Karte, Mastercard, Visa

„Pur und frisch" lautet das Motto von Christiane und Robert Stolz.

Wer das Hotel-Restaurant des freundlichen Ehepaares besucht, spürt schnell, dass hier ein erlesener Stil und besonderer Qualitätsanspruch zu Hause sind.

Mit viel Gespür für liebevolle Details und Stilsicherheit haben sie das um 1900 erbaute ehemalige Pastorat zu einer einladenden Genuss-Residenz umgebaut. Mit Blick auf den Plöner See dürfen sich die Gäste in dem 45-Plätze-Restaurant oder auf der verglasten Traumterrasse mit Blick auf den Garten auf kulinarische Sensationen freuen.

Die regionale Küche von Robert Stolz ist deshalb so einzigartig, weil er immer wieder neue, heimische Produzenten und ihre erstklassigen Lebensmittel ausfindig macht. Das hat ihn zu einem der wichtigsten Vorreiter und Gründer des Vereins „Feinheimisch" gemacht. Für Stolz war der Begriff regionale Küche nie eine Marketingidee, sondern Verpflichtung und Inspiration. Seine Kreativität, sein besonnenes Temperament, die Sorgfalt, mit der er Fleisch, Fische, Gemüse, Kräuter und vieles mehr auswählt, fließen zusammen in seinen ausgewogenen Rezepturen.

Als „pur und nordisch" versteht Stolz seinen Kochstil. Mit Kompositionen wie zum Beispiel Räucheraal und Feuerbohne will er Frische und Einfachheit auf den Teller bringen und zugleich

die Region assoziieren. Klingt vielleicht etwas hochtrabend, überzeugt aber in der Präsentation ebenso wie im Geschmack. Kochen ist für Robert Stolz durchaus auch Kunst, nämlich dann, wenn es gelingt, sich beim Kochen auf das Wesentliche zu reduzieren und Gerichte zu kreieren, die „Spannung beim Genießen schaffen".

Wer dann noch weiß, dass Christiane Stolz einen umsichtigen und von viel Weinkenntnis geprägten Service führt, ahnt, welch „spannungsreiche" Genüsse hier möglich sind.

Anfahrt: Plön erreicht man über die B 76. Im Ort Richtung Innenstadt fahren. Das Restaurant liegt direkt am Marktplatz.

Strengliner Mühle

Mühlenstraße 2
23820 Strenglin
Kreis Segeberg
Tel. 04556/997099
Fax 04556/997016
www.strenglinermuehle.de

Besitzer/Inhaber
Familie Molt

Küchenchef
Henning Molt

Öffnungszeiten
**warme Küche tägl. 17–
21 Uhr, mittags nach
Vereinbarung**

Hauptgerichte
ab € 10,–

Menüs
ab € 18,–

Spezialität des Hauses
**Holsteiner Gerichte, Aal
in Gelee, Sauerfleisch,
im Winter Holsteiner
Spiegelkarpfen**

Plätze
**100, 30 auf der Ter-
rasse**

Zimmer
**35,
DZ ab € 85,–,
EZ ab € 52,–
inkl. Frühstück und
Nutzung des Wellness-
bereichs**

Kreditkarten
**EC-Karte, Mastercard,
Visa**

Nicht weit von Bad Segeberg, nahe der Ostsee und mitten in Holstein – dort liegt der kleine Ort Strenglin. Hier führt Familie Molt seit vielen Generationen ein ansprechendes, liebevoll mit Antiquitäten ausgestattetes Hotel-Restaurant. Gelegen auf dem Areal einer ehemaligen Wassermühle mit Fachwerkhaus und üppigem Baumbestand, wird das Hotel allen Erholungsansprüchen gerecht. Vollends zu einem kleinen Verwöhnort wird die Strengliner Mühle durch ihre ambitionierte Speisekarte. Ob gedünsteter Ostsee-Dorsch mit Senfsoße, Aal in Gelee mit Bratkartoffeln, Gänsekeule in Sauer oder einfach eine pikant abgeschmeckte Kartoffelrahmsuppe, alles wird in immer gleicher, das heißt frischer Qualität zubereitet. Dazu bietet das Haus eine reichhaltige Weinkarte, die allerdings ohne große Namen auskommt und daher auch durch moderate Preisgestaltung gefällt.

Anfahrt: Strenglin liegt im Dreieck Lübeck – Bad Segeberg – Ostsee. Über die B 432 (Abfahrt bei Gnissau, dann noch 2 km Richtung Geschendorf) oder die A 20 (Abfahrt Geschendorf, dann 7 km Richtung Gnissau) zu erreichen.

In 13 der Gästezimmer des Hotel-Restaurants Strengliner Mühle lässt sich das gute Wohnklima „unter Reet" genießen. Die früher landwirtschaftlich genutzte Scheune erhielt 1999 ihr ursprüngliches Erscheinungsbild zurück und wurde neu eingedeckt. Die Zimmer in dem urigen Gästehaus sind dem Äußeren angepasst und im gemütlichen Landhausstil eingerichtet.

Tastruper Krog

Tastruper Weg 50
24943 Tastrup
Kreis Schleswig-Flensburg
Tel. 0461 987 90
Fax 0461 989 82
www.tastruper-krog.de

Besitzer/Inhaber
Günther Carstensen

Küchenchef
Günther Carstensen

Öffnungszeiten
tägl. ab 17 Uhr, So auch
12–14 Uhr

Ruhetage
Montag, Mittwoch

Reservierung
erwünscht

Hauptgerichte
ab € 9,90

Spezialität des Hauses
„Tastruper Pott", Sau-
erfleisch (hausge-
macht), saisonale
Gerichte, z. B. Grün-
kohl, Muschelessen

Plätze
80, 20 auf der Terrasse

Kreditkarten
keine

Besonderheiten
gute Fahrradwege

Dies ist einer dieser Kröge, die man sucht, weil sie genau dem Bild eines ländlich-historischem Landgasthof entsprechen. Die harmonische Architektur des 19. Jahrhunderts mit ihren hohen Rundbogenfenstern, die gepflegte Anlage um den großzügig bemessenen Hof – all das verspricht viel Atmosphäre. Das gemütliche, dunkle Mobiliar, der prägnante Tresen mit seinen Schnitzereien, die schlichte Tischkultur und das sanfte Licht laden ein, sich hier sehr wohl zu fühlen.

Als der Gasthof erbaut wurde, diente er auch als Bahnhof. Ein Raum wurde damals für die 2. Klasse eingerichtet. Heute dient dieser als Treff und Präsentationszimmer der „Flensburger Raritäten-Freunde". Große Vitrinen offerieren, was sie lieben: alles rund um die Flensburger Bierbrauerei. Eine interessante Sammlung an alten Flaschen, Gläsern und was sonst noch die Flens-Fans für bewahrenswert halten, kann man bestaunen. Die „2. Klasse" steht natürlich allen Gästen des Hauses offen.

Hier wie in den anderen drei Gaststuben servieren Anita und Günther Carstensen seit Anfang 2010 ihre rustikale Landhausküche. Sie besorgt mit viel Umsicht und Freundlichkeit den Service, er steht in der Küche und „gibt dort Gas". Denn Günther Carstensen zählt sich zu den engagierten Köchen, die gern auch mal experimentieren – wenn der Gast es wünscht. Seine große Leidenschaft aber sind Steaks. Die erfreulich übersichtliche Karte bietet einige Variationen vom Rumpsteak, versteht sich aber auch auf die Zubereitung einer anständigen Rinderroulade, hausgemachten Sauerfleischs oder einer Scholle Finkenwerder Art. Auf seiner wechselnden Tageskarte finden sich jahreszeitengerechte Angebote. Kurzum: Der Tastruper Krog sieht nicht nur einladend aus, er behandelt seine Gäste auch so, dass der erste gute Eindruck bis zum letzten Biss erhalten bleibt.

Anfahrt: A 7 Abfahrt Flensburg, über die B 200 Richtung Flensburg. Auf die Osttangente abfahren. Nach rechts auf die L 21 (Tastruper Hauptstraße). Durch Tarup und dann nach rechts abbiegen in den Tastruper Weg.

Schönes Ambiente

Ual Öömrang Wiartshüs

Bräätlun 4
25946 Norddorf/Amrum
Kreis Nordfriesland
Tel. 04682/836
Fax 04682/1432
www.ual-oeoemrang-wiartshues.de

Besitzer/Inhaber
Hans Decker

Küchenchef
Hans Decker

Öffnungszeiten
ab 17 Uhr

Reservierung
erbeten

Ruhetag
Mittwoch (nur Nov. bis März)

Hauptgerichte
ab € 9,80

Spezialität des Hauses
„Omas Fischpfanne"

Plätze
50, 20 auf der Terrasse

Zimmer
10 u. 2 App.
ab € 53,– p. P. inkl.
Frühstück

Kreditkarten
keine

Besonderheiten
ältestes Restaurant der Insel

Wer des Friesischen nicht mächtig ist, sollte gar nicht erst versuchen, den Namen des Landgasthofs auszusprechen. Man kann sich nur blamieren. Dafür lassen sich aber die Namen der Speisen in der ausgesprochen gemütlichen altfriesischen Gaststätte leichter über die Lippen bringen. Steinbeißerfilets gebraten auf Rahmspinat mit Krabben, Amrumer Lammpfanne mit Butterbohnen, frischer in Butter gebratener Aal mit Salzkartoffeln oder aus der eigenen Räucherei servierter Fisch – all das und noch viel mehr bietet Hans Decker seinen Gästen. Das älteste Restaurant der Insel gilt als verlässliche Adresse, wenn man mal etwas besser essen gehen will. Aber nicht nur der Gaumen wird hier mit klassischer Küche verwöhnt, auch das Auge bekommt einiges geboten. Versammelt das Friesenhaus doch stimmungsvoll arrangierte maritime Gegenstände, die in den blau-weiß gehaltenen und mit alten Kacheln ausgestatteten Räumen Seefahrer-Romantik aufkommen lassen.

Anfahrt: Amrum erreicht man mit der Fähre von Dagebüll aus. Norddorf liegt – wie der Name schon sagt – im Norden der Insel.

Schönes Ambiente

Waldesruh am See

Am Mühlenteich 2
21521 Aumühle
Kreis Herzogtum Lauenburg
Tel. 04104/69530
Fax 04104/2073
www.waldesruh-am-see.de

Inhaber
Jürgen Götz

Küchenchef
Erik Gehl

Öffnungszeiten
Mi–Mo Küche 11–
21.30 Uhr

Ruhetag
Dienstag

Hauptgerichte
ab € 12,50

Mittagstisch
ab € 12,50

Menüs
ab € 35,–

Spezialität des Hauses
Wild aus dem Sachsen-
wald, „feinheimische"
Küche

Plätze
60, 100 auf der Terras-
se

Zimmer
12, ab € 45,– p. P.

Kreditkarten
EC-Karte, Amex,
Mastercard, Visa

Jagdtrophäen, dunkle Möbel, rote Wände und ein großes Gemälde geben dem Restaurant eine gemütlich einladende Atmosphäre. Hier, das spürt man schnell, trifft man auf Historie, Tradition und eine fein gemachte rustikale Küche. Wildspezialitäten sind im Waldesruh am See die Empfehlungen des Hauses, die auch den guten Ruf begründen, den das geschichtenreiche Restaurant genießt.

Küchenchef Erik Gehl legt großen Wert auf die Qualität seiner Produkte und ihre regionale Herkunft. Deshalb hat er sein Restaurant von Bioland zertifizieren lassen und ist dem Verein „Feinheimisch" beigetreten.

Erbaut als Jagdschloss, wird der idyllisch gelegene Bau bereits 1737 erwähnt. Zunächst gehörte es dem Prinzen von der Lippe, seit 1896 ist es im Besitz der von Bismarcks. Das große Gemälde im Restaurant zeigt deshalb auch den berühmten Kanzler.

Seine Nachkommen sorgten mit viel Liebe zum Detail für die Einrichtung der charmanten Hotelzimmer, die nach einem ausgiebigen Mahl oder einem Fest in einem der Säle für eine geradezu fürstliche Unterkunft sorgen.

Anfahrt: Von Hamburg A 24, Abfahrt Reinbek, zweite Abfahrt rechts in Richtung Aumühle. Das Waldesruh am See ist das dritte Haus auf der linken Seite ab Ortseingang. Von Lübeck A 1, Abfahrt Schwarzenbek, B 404 bis nach Grande, über Friedrichsruh weiter nach Aumühle. Von Hamburg aus auch direkt mit der S-Bahn-Linie 21 zu erreichen.

Schönes Ambiente

Waldhalle
Waldhallenweg
23879 Mölln
Kreis Herzogtum Lauenburg
Tel. 04542/85880
Fax 04542/858888
www.waldhalle.de

Der Name des Viersternehauses bezieht sich auf seine romantische Lage am Schmalsee. Mitten im Wald, genauer inmitten des Naturparks Lauenburgische Seen, liegt das im Gründerzeitstil erbaute Hotel-Restaurant. So fährt man eine Weile durch viel Grün bis man da angekommen ist, wo Entspannung und Genuss garantiert sind. Die Küche verspricht regionale und saisonale Gerichte sowie eine ansprechende Auswahl an Weinen. Das Hotel bietet vom Einzelzimmer bis zum Appartement oder der Ferienwohnung für Familien, Paare oder Alleinreisende behagliche Unterkünfte.
Wer hier nur mal auf einen Nachmittagskaffee vorbeischaut, ist von der Tortenauswahl und der herrlichen Terrasse angenehm überrascht.

Anfahrt: Nach Mölln gelangt man über die B 207. Im Ort in Richtung Gudow abbiegen, nach ca. 800 m geht es links ab. Das Hotel-Restaurant liegt an der Nordseite des Schmalsees.

Geschäftsführerin
Jutta Kampf

Küchenchef
Volker Buchmann

Öffnungszeiten
tägl. ab 11.30 Uhr

Mittagstisch
ab € 10,–

Menüs
von € 15,50 bis € 30,–

Plätze
130, 200 auf der Terrasse

Zimmer
15 App., 3 Ferienwohnungen
EZ ab € 54,–
DZ ab € 85,–

Kreditkarten
EC-Karte, Amex, Mastercard, Visa

Wikingerschänke

Am Margarethenwall 2
24866 Busdorf
Kreis Schleswig-Flensburg
Tel. 04621/32190
Fax 04621/37702
www.wikingerschaenke.de

Besitzer/Inhaber
Oliver Firla

Küchenchef
Oliver Firla

Öffnungszeiten
auf Anfrage für Gruppen mit bis zu 250 Personen
Sa u. So. 11–14 Uhr Wikischmaus (inklusive Eintritt ins Wikinger Museum Haithabu)

Spezialität des Hauses
Metbrauerei, Ochsenbraterei, Brot und Brötchen aus eigener Holzofenbäckerei

Plätze
250

Kreditkarten
EC-Karte, Mastercard, Visa

Besonderheiten
sehr originelles Lokal, Mitglied bei „Feinheimisch", Aktionspartner der Initiative „Schleswig-Holstein is(s)t lecker"

Schrecklich – die Vorstellung in einer Schänke zu sitzen, die im Wikinger-Look wildes Essen veranstaltet. Nein, die Wikingerschänke in der Nähe des Wikinger Museums Haithabu stand zunächst nicht auf der Liste der 100 besten Landgasthöfe. Der Zufall führte dann doch in die am Rande des Busdorfer Forsts gelegene (Erlebnis-)Gastronomie. Um es vorweg zu sagen: Der Weg durch die Allee zu dieser originellen Holzhütte lohnt sich!

Das urige Ambiente der sogenannten Königshalle (viel Holz, schmiedeeiserne Elemente, lange Eichentische, kuschelige Felle auf den Bänken und thronartigen Stühlen) wirkt nicht wie zu befürchten finster und chaotisch, sondern hell und stilvoll. Der Service im Wikinger-Outfit agiert so freundlich, dass man alle Vorurteile über die wilden Nordmänner vergisst. Gänzlich alle Bedenken verfliegen, wenn man hier speist. Wir wissen nicht sehr viel über die Rezepte der Wikinger, doch wenn sie auch nur annähernd so gekocht haben wie Oliver Firlas Küchenteam, dann waren es goldene Zeiten. Ein Grundsatz, den die Wikinger vor rund 1200 Jahren befolgen mussten, ist heute in der Schänke oberstes Gebot: Produkte aus der Region. Als „Feinheimisch"-Mitglied ist die Küche gehalten, mindestens 60 Prozent der Lebensmittel, die sie verarbeiten, aus Schleswig-Holstein zu beziehen. Fisch, Lamm, Huhn, Schwein und Rind, Käse, Wurst und Schinken, Marmeladen, Honig und Gemüse, aber auch das selbst gebackene Brot, das Bio-Bier und der Honigwein (Met) kommen aus der Region.

Gäste feiern wie die Wikinger in der urigen Schänke.

Neben dem À-la-carte-Angebot bietet die Schänke fast täglich ein besonderes Mahl inklusive der Getränke. Besonders zu empfehlen ist der Sonntags-Brunch (28,– €), bei dem man einen umfangreichen Eindruck vom Können der Küche bekommt. Ein üppiger, stundenlanger Genuss, denn die Köche an den offenen Grills verstehen ihr Handwerk, wissen zu würzen und zu garen. Hier geht es nicht um ausgezirkelte Gourmetkreationen, sondern um rustikale Küche, die dennoch fein schmeckt.
Neben der guten Küche bietet das Waldhaus auch einigen Spaß wie Axtwerfen und Bogenschießen. Klar, dass sich dieser Ort mit seinem großen Raumangebot bestens für Gruppen und große Feste anbietet.

Anfahrt: Über die A 7 die Abfahrt Schleswig/Jagel, weiter Richtung Schleswig auf der B 77. Am Kreisverkehr 3. Ausfahrt Richtung Busdorf. Dort gleich links in die Einbahnstraße und am Ende geradeaus auf die Alte Landstraße. Ca. 300 m nach dem Überqueren der Eisenbahnlinie rechts abbiegen in den Margarethenwall.

Wirtshaus Oering

Hauptstraße 76
23845 Oering
Tel. 04535/598932
Fax 04535/598933
Kreis Segeberg
www.wirtshaus-oering.de

Besitzer/Inhaber
Thomas Groth

Küchenchefs
**Thomas Groth und
Philipp Wimmer**

Öffnungszeiten
tägl. ab 17 Uhr

Ruhetage
Dienstag, Mittwoch

Hauptgerichte
ab € 9,–

Menüs
ab € 21,–

Spezialität des Hauses
**gehobene gutbürger-
liche Küche**

Kreditkarten
EC-Karte

Besonderheit
**der Schlager singende
Gastwirt**

„16 Jahre hat es gedauert", erzählt Thomas Groth und meint damit seinen Durchbruch. Nicht als Gastwirt, sondern als Sänger. Denn Groth ist nicht nur leidenschaftlicher Gastgeber, er ist vor allem ein hingebungsvoller Schlagersänger. Als Marc Sanders tritt er im Saal seines gemütlichen Gasthofs zwischen Bad Segeberg und Norderstedt regelmäßig auf. Der Künstler und sein Partner, der Friseur Björn Donner (angeblich einer der 30 besten Deutschlands), haben das ererbte Restaurant in den vergangenen Jahren zu einer angesagten Adresse für Schlagerfreunde und Fans der deftigen Küche gemacht.

Groth trifft nicht nur den Ton, sondern auch den Geschmack solcher Esser, die es gern ländlich-rustikal mögen. Mit feiner Kartoffelsuppe, Pfefferpfanne, Brathering, Currywurst, Scholle oder auch Pastagerichten (Hauptgerichte ab 9,– €) begeistert Groth seine Kundschaft, die nicht selten von weit her kommt, um in dem urigen Wirtshaus mit seinem idyllischen Biergarten die sauber gemachten Speisen zu genießen – und sich von den mitreißenden Songs des Patrons in Stimmung bringen zu lassen.

Anfahrt: Oering liegt zwischen Norderstedt und Bad Segeberg im südlichen Kreis Segeberg, nahe der B 432, Abfahrt Richtung Kaltenkirchen.

Zum Dückerstieg

Dückerstieg 7
25554 Neuendorf-Sachsenbande
Kreis Steinburg
Tel. 04823/92929
Fax 04823/92931
www.dueckerstieg.de

Seit drei Generationen ist der Dückerstieg unter der Leitung der Familie Prüß. Kontinuierlich hat sie die Landgaststätte zu einem beliebten Restaurant ausgebaut und sich einen guten Ruf mit gutbürgerlicher Küche erworben.

Die umfangreiche Speisekarte berücksichtigt vor allem die regionale, saisonale Landküche, bietet aber auch einige deftige Gerichte.

Mittlerweile hat sich das auch unter Besseressern herumgesprochen. Selbst namhafte Köche findet man unter den Gästen. Sie kommen, weil Frank Prüß sein Handwerk versteht, will sagen, er kocht eine schmackhafte, ehrliche Küche, die mit Gerichten wie Lachsfilet in der Kartoffelkruste ebenso punktet wie mit Schweinerückenschnitzel mit Champignonrahmsoße und Pommes Frites.

Das ist wohl der Grund, weshalb sich hier die unterschiedlichsten Gäste wohl fühlen, die die gute Küche ebenso genießen wie die reizvolle Umgebung.

Anfahrt: Aus Richtung Itzehoe der B 5 Richtung Brunsbüttel folgen und diese Richtung Wilster verlassen. In Wilster an der Kreuzung rechts halten und weiter Richtung Burg/Dithmarschen (L 135). 3 km hinter Wilster liegt der Dückerstieg in einer scharfen Linkskurve.

Besitzer
Inga und Frank Prüß

Küchenchef
Frank Prüß

Öffnungszeiten
warme Küche Di–So
12–14 Uhr u. 18–21.30
Uhr

Ruhetag
Montag

Hauptgerichte
ab € 9,50

Menüs
ab € 27,–

Spezialität des Hauses
regionale, saisonale
Landküche

Plätze
50, 12 auf der
Terrasse

Zimmer
11, ab € 44,50 p. P.
inkl. Frühstück

Kreditkarten
EC-Karte

Zum fabelhaften Hirschen

St. Hubertus 1
23627 Groß Grönau
Kreis Herzogtum Lauenburg
Tel. 04509/877866
Fax 04509/877864
www.zum-fabelhaften-hirschen.de

Besitzer/Inhaber
Marc Grotkopp

Küchenchef
Marc Grotkopp

Öffnungszeiten
12–14.30 u. ab 18 Uhr

Ruhetag
Dienstag

Hauptgerichte
ab € 13,–

Menüs
ab € 28,–

Spezialität des Hauses
ehrliche feine Küche
aus guten Produkten,
Wildgerichte, im Winter
ganze Gänse am Tisch
tranchiert

Plätze
35, 16 auf der Terrasse

Zimmer
19, ab € 43,– inkl.
Frühstück

Kreditkarten
EC-Karte, Amex,
Mastercard, Visa

Besonderheiten
Naturpark Lauenbur-
gische Seen

Petersilienwurzelsuppe mit „gebackenem Stroh", Wildentenbrust auf gestowten Steckrüben mit getrüffelten Rosenkohlblättern oder Zweierlei Lamm auf grünem und weißem Bohnenpüree – wem bei solchen Genüssen nicht das Wasser im Munde zusammenläuft, der verdient die einfallsreiche Küche von Marc Grotkopp nicht. Der Inhaber des Hirschen kann die ersten Adressen des Landes als Ausbildungsstätten angeben, aber seine Gerichte lassen schmecken, dass ihm die Kochkunst schon in die Wiege gelegt wurde. Groß geworden im Hirschen, vertraut mit der Gastronomie und den gestiegenen Ansprüchen an die heutige Küche, entspricht Grotkopp junior sicher dem Bild eines Nachfolgers, den sich Vater Horst vorgestellt hat. So wird also der „fabelhafte Hirsch" auch in Zukunft bleiben, was es für viele seiner Gäste schon lange ist: eine gute Adresse.

Anfahrt: A 20: Abfahrt Groß Sarau, Richtung Lübeck, nach 5 km am Dorfausgang.
B 207: Ausfahrt Lübeck-Flughafen, Richtung Groß Grönau, nach 2 km an der ersten Kreuzung.

Zum Fahrenkrug

Fahrendorfer Dortstraße 3
21039 Fahrendorf
Kreis Herzogtum Lauenburg
Tel. 04152/3178
www.zum-fahrenkrug.de

Seit 1866 ist der Krug in dem kleinen Ort – Fahrendorf zählt dreizehn Häuser und den Gasthof – in Familienbesitz. Seither gibt es hier die Rezepte für die ländliche Hausmannskost, die stets mit viel Liebe gekocht wird. Heide Ehling, die den Landgasthof gemeinsam mit ihrer Tochter führt, weiß, wie man Wurst, Sülze und Sauerfleisch zubereitet. Sie versteht es, Wildgerichte schmackhaft zu servieren und feiert zweimal im Jahr (Frühjahr und Herbst) ein großes und weithin beliebtes Schlachtfest in ihrem Haus. Richtig ins Schwärmen kommen ihre Gäste, wenn sie zu den verschiedenen Gerichten ihre leckeren Bratkartoffeln auf den Tisch des schlicht gehaltenen Landgasthofs bringt.

Anfahrt: Der Fahrenkrug liegt im Bistal zwischen Hamburg und Geesthacht. Über die B 404 oder die A 25 Richtung Geesthacht, anschließend auf die B 5 Richtung Escheburg, nach 1 km rechts Richtung Fahrendorf.

Besitzerin/Inhaberin
Heide Ehling

Küchenchef
Steffen Drewniok

Öffnungszeiten
warme Küche 12–14 Uhr u. 16–21 Uhr, Mi ab 16 Uhr

Ruhetage
Dienstag, Mittwochmittag

Hauptgerichte
ab € 6,–

Mittagstisch
ab € 6,–

Spezialität des Hauses
alles rund um die Bratkartoffel, hausgemachte Wurst und Wildgerichte

Plätze
70, 25 auf der Terrasse

Kreditkarten
keine

Besonderheiten
Damwildgehege hinter dem Haus

Zum Fasanenhof

Allee 18
22941 Jersbek
Kreis Stormarn
Tel. 04532/1849
www.zum-fasanenhof.de

Besitzer/Inhaber
Fam. E. Hinrichs &
L. Lauschke GbR

Küchenchefs
Ewald Hinrichs,
L. Lauschke

Öffnungszeiten
Mi–Fr 11.30–14 Uhr,
17.30–21 Uhr
Sa u. So 11.30–21 Uhr

Ruhetage
Montag, Dienstag

Hauptgerichte
ab € 8,60

Spezialität des Hauses
frisches Zanderfilet,
Fasanenbrust, selbst
gebackener Kuchen

Plätze
130, 100 im Garten,
20 im Wintergarten

Kreditkarten
EC-Karte

Besonderheiten
Gutsanlage mit angren-
zendem Park und Wald,
Ateliergemeinschaft auf
dem Hof

Schon der Name Zum Fasanenhof hat historischen Bezug. Er lässt eine Zeit anklingen, die mit viel Sinn für Genuss und üppige Schönheit ausgestattet war. Gemeint ist die Epoche des Barock. In dieser Zeit entstand das Gut Jersbek und erhielt seinen heute noch in Teilen erhaltenen Prunkgarten mit Fasanerie. So bietet das ehemalige Gästehaus des Guts das ideale Ambiente, um sich zum Beispiel Fasanenbrust mit Früchten in Wacholdersoße schmecken zu lassen.

Speisen und Atmosphäre in dem stimmungsvollen Haus erinnern an die Geschichte des Anwesens, wenngleich sich niemand genötigt sehen sollte, Fasan zu essen. Im Gegenteil: Koch Ewald Hinrichs beherrscht die deftige Hausmannskost, bereitet Schmackhaftes mit Fleisch und Wurst aus der hauseigenen Schweinezucht oder verwöhnt mit traditionellen Speisen wie Fliederbeersuppe oder Roter Grütze. Im Fasanenhof ist die Zeit zwar nicht stehen geblieben, aber seine Leiter und die Küchenchefs pflegen die kulinarische Tradition.

Anfahrt: Jersbek liegt nördlich von Hamburg bei Bargteheide. B 75 Ahrensburg–Bad Oldesloe. In Bargteheide Richtung Jersbek. Der Fasanenhof liegt hinter dem Gut.

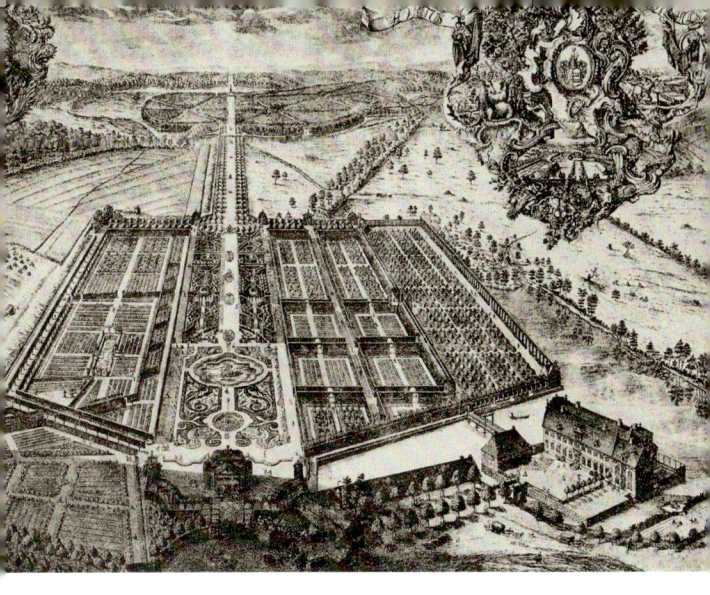

Der Fasanenhof liegt idyllisch am Jersbeker Barockgarten. Die prächtige Anlage entstand etwa um 1740. Ungewiss ist, ob der große Garten jemals den gezeichneten Idealzustand erreicht hat, der seinem Bauherrn Bendix von Ahlefeldt (1679–1757) vorgeschwebt hatte. Heute sind von der einstigen Pracht in Jersbek nur noch Teile vorhanden.

Zum Krug

Historisches Gasthaus seit 1707
Alte Landstraße 2a
25875 Schobüll, OT Hockensbüll
Kreis Nordfriesland
Tel. 04841/61580, Fax 04841/61540
www.zum-krug.de

Besitzer/Inhaber
Harald und Antje Frerks

Küchenchef
Harald Frerks

Öffnungszeiten
tägl. ab 18 Uhr, nach Absprache auch So. 12–15 Uhr

Ruhetage
Montag, Dienstag

Reservierung
erbeten

Hauptgerichte
ab € 19,50

Spezialität des Hauses
Lammfilets in der Kräuterkruste

Plätze
30

Kreditkarten
Amex, Diners, Mastercard, Visa

Besonderheiten
historische Räumlichkeiten

Bereits am 14. März 1707 wurde die Schankerlaubnis für den bei Husum in Hockensbüll gelegenen Krug erteilt. Von dem diesbezüglichen Schriftstück und vielen weiteren Dokumenten zur Geschichte des über 300 Jahre alten Friesenhauses wissen Antje und Harald Frerks als seine heutigen Besitzer zu berichten. Sie übernahmen Anfang der 1990er Jahre die Schänke, die damals weder ein stilvolles Ambiente noch eine erwähnenswerte Speisekarte aufzuweisen hatte. Für zwei Jahre wurde der Gasthof zur Baustelle. Erst als in mühevoller Kleinarbeit die Balken und Türen von neuzeitlicher Verschalung befreit waren und das Haus bis auf sein Skelett erkennbar wurde, kamen die teils gravierenden Schäden des Mauerwerks und der Holzbalken zum Vorschein. Die alten Türen wurden detailgetreu wiederhergerichtet, mit den einst gebräuchlichen Farben gestrichen, die Fenster in ihrer ursprünglichen Form neu angefertigt, Fußböden und Deckenbalken restauriert, und auch die alte Raumaufteilung ließen die Frerks' wiederherstellen.

Betritt man die niedrigen Räume des Backsteinbaus, dann eilt das Auge von einem bemerkenswerten Detail zum anderen. Ob Gestühl, Lampen, Tischdecken oder die porzellanene Zapfsäule aus dem Jugendstil, die vielen Bilder oder die umfangreiche Sammlung alten Ton- und Steingutzeugs auf der „hohen Kante" über den Sprossenfenstern, die frühere Herdstelle mit der stolzen Auswahl bester Rotweine – alles zieht den Blick auf sich und trägt zum stilvollen Ambiente bei.

Harald Frerks ist ein engagierter Koch, und am Herd macht sich seine Liebe zum Detail bemerkbar. Während seine Frau für den Service sorgt, bereitet der Solist in der Küche seine Menüs zu.

Besonders gern empfiehlt Frerks seinen Gästen zarte Filets vom Salzwiesenlamm in der Kräuterkruste mit feinem Jahreszeitengemüse und Kartoffelgratin. Auf den wenigen Quadratmetern der von ihm entworfenen Küche dreht sich der Chef des Hauses allein um die Töpfe und sorgt dafür, dass alles frisch zubereitet wird. Mit rund 200 verschiedenen Weinen hält der Landgasthof auch eine beachtliche Auswahl bereit, die von deutschen Gewächsen bis zu den großen Bordeauxweinen reicht. Die Kochkunst von Harald Frerks findet immer mehr Anhänger unter den Gourmets, die mittlerweile aus allen Ecken des Landes kommen. Unter ihnen sind auch viele Künstler, die nicht zuletzt durch die nahe gelegene Galerie Lüth den Weg nach Hockensbüll gefunden haben. Im Gästebuch des alten Hauses, das 1994 mit dem Denkmalpflegepreis des Landes ausgezeichnet wurde, finden sich deshalb Zeichnungen und Widmungen, die vom Krug, seiner Atmosphäre und guten Küche in Wort und Bild zu schwärmen wissen.

Anfahrt: Hockensbüll liegt nordwestlich von Husum. B 5 Heide–Husum. Durch Husum hindurch Richtung Nordstrand/Schobüll fahren. Hockensbüll liegt kurz vor Schobüll.

Zur Eiche

Zur Eiche 38
25980 Tinnum/Sylt
Kreis Nordfriesland
Tel. 04651/31144
Fax 04651/935812
www.zureichesylt.de

Besitzer/Inhaber
Familie Jaschinski

Küchenteam
**Niels Mielke und
Michael Stanlowski**

Öffnungszeiten
**tägl. Küche 17–22 Uhr,
Fr–So auch 12–14 Uhr**

Hauptgerichte
ab € 7,50

Mittagstisch
ab € 7,50

Spezialität des Hauses
**Scholle, Sauerfleisch,
Grünkohl**

Plätze
140

Kreditkarten
EC-Karte

Wenn auf Sylt Biike-Brennen ist, geht man nach dem Feuer zum Grünkohl-Essen. Und für Traditionalisten gibt es auf Sylt nur eine Adresse: den Gasthof Zur Eiche in Tinnum. Seit 120 Jahren gibt es diesen abseits vom Sylter Trubel gelegenen Landgasthof – seit 60 Jahren ist er im Besitz der Familie Jaschinski. Unberührt vom kulinarischen Chic der Gourmet-Insel behauptet sich die Eiche als rustikaler Landgasthof mit einer gut gemachten bodenständigen Küche.

Mit Gerichten wie der holsteinischen Landente mit Apfelrotkraut, dem Lammfilet in der Kräuterkruste auf Rosmarinjus oder dem Braten von der Hirschkeule mit Pfifferlingen, aber auch mit der Schweinshaxe aus dem Grill auf Sauerkraut begeistert das Küchenteam um Niels Mielke die Gäste des gemütlichen Gasthofs, der längst als Geheimtipp für reelle Kost zu fairen Preisen bekannt ist.

Anfahrt: Über die Keitumer Landstraße von Westerland in Richtung Keitum fahren. In Tinnum links in die Straße Zur Kratzmühle einbiegen (der Ausschilderung zum Landgasthof Stricker folgen), dann gleich in die erste Straße links, Boy-Nielsen-Straße. Von dieser geht rechts die Straße Zur Eiche ab.

Nach dem guten Essen im Restaurant Zur Eiche lohnt sich ein kleiner Spaziergang zu einem der ältesten Häuser auf Sylt. Hier amtierten Generationen von Landvögten, bis 1872 die Verwaltung der Landschaft Sylt verlegt und der Landvogt durch einen preußischen Amtsvorsteher abgelöst wurde.

Gourmet-Tipp, schönes Ambiente

Zur Fischerklause Lütjensee
Am See 1
22952 Lütjensee
Kreis Stormarn
Tel. 04154/792200
Fax 04154/792234
www.fischerklause-luetjensee.de

Besitzer/Inhaber
**Claudia und Gerhard
Retter**

Küchenchef
Dennis Duerlund

Öffnungszeiten
11.30–22.30 Uhr

Ruhetage
**Donnerstag,
Nov.–Feb. auch Mitt-
woch**

Hauptgerichte
ab € 12,50

Mittagstisch
**ab € 13,50
inkl. Wasser u. Kaffee**

Menüs
ab € 29,–

Spezialität des Hauses
**fangfrische Fische aus
dem nahen Lütjensee,
z. B. Aal, Hecht, Zander
und Flusskrebse, sowie
Wild aus eigener Jagd**

Plätze
**100, 80 auf der
Terrasse**

Zimmer
14, ab € 40,– p. P.

Wenn Besseresser sich über die Küchen der verschiedenen Nationen unterhalten, dann wird
eine immer besonders gelobt: die österreichi-
sche. Berühmte Stars am Herd wie Eckart Wit-
zigmann oder Johann Lafer sind Österreicher.
Gerhard Retter, ebenfalls ein Gastronom von
höheren Weihen, ist auch einer. Die Liebe hat
den Alpenländer in die Norddeutsche Tiefebene
gelockt. Retters Frau Claudia ist Tochter der
Betreiber der traditionsreichen Lütjenseer
Fischerklause. Die Eltern haben sich zur Ruhe
gesetzt, Tochter und Schwiegersohn das idyllisch
am See gelegene reetgedeckte Landhaus übernommen.
Mit Retters ist der stilvoll aufgefrischte Landgasthof zur Pilgerstätte für feinschmeckende
Fans regionaler Küche geworden – und die
interessierter Weinfreunde. Retters große Leidenschaft ist neben der ambitionierten Kocherei die
internationale Weinwelt. Entsprechend groß
sind Weinkarte und -kenntnis des freundlichen
Gastgebers: 650 Positionen, darunter Weine
nicht nur der besten deutschen, sondern auch
der österreichischen Winzer begeistern die Gäste.
Und so kommen die Perlentaucher unter den
Gourmets in die Fischerklause, genießen die
fangfrischen Fischgerichte, deren schlichte,
klare Zubereitung, schwärmen vom gebratenem
Mai-Aal mit Kartoffelpüree, dem Aal in Gelee
mit Bratkartoffeln, dem marinierten Spargel mit
Tafelspitz oder der hausgemachten Wild-
schwein-Bratwurst. Die regionalen Klassiker
bereitet die Küche so zu, dass man fast feder-
leicht vom Tisch aufsteht. Sehr zu empfehlen ist

auch das wechselnde Menü, zum Beispiel
Kaninchenrücken in Parmesanmantel auf lau-
warmem Zuckerschotensalat mit Pinienkern-
pesto, gebratenes Steinbuttfilet, Steinpilzsauté
verfeinert mit Speck und Salbei, dazu hausgemachte Tagliatelle, Auswahl von Rohmilch-
käsen mit hausgemachtem Muskattraubengelee
und Crème brulée mit Valrhona-Schokolade,
marinierten Erdbeeren und Pistazieneis.
Und so erlebt man in entspannter Atmosphäre
genussvolle Stunden am stillen See. Wer diesen
herrlichen Ort nicht so schnell verlassen möchte, für den hält das Haus nette, ländlich eingerichtet Zimmer (für kleine Preise) bereit.

Anfahrt: A 24 aus Berlin/Hamburg, Abfahrt
Schwarzenbek/Grande, A 1 aus Hamburg/
Lübeck, Abfahrt Ahrensburg, anschließend in
beiden Fällen über die B 404 Richtung Trittau/
Lütjensee. In Lütjensee der Straße Am See folgen, bis Sie den See und die Fischerklause vor
sich sehen.

Zur Linde

Dorfstraße 6
24241 Schierensee
Kreis Rendsburg-Eckernförde
Tel. 04347/3337
Fax 04347/8833
www.zurlinde-gasthaus.de

Besitzer/Inhaber
Senff GBR

Küchenchef
Dennis Senff

Öffnungszeiten
Küche 11.30–14.30 Uhr
u. 17–22 Uhr

Hauptgerichte
ab € 9,–

Plätze
mit Saal 275, auf der
Terrasse 120

Kreditkarten
EC-Karte

Besonderheiten
Lage im Naturpark
Westensee

Als landwirtschaftlicher Betrieb mit Ausschank begann vor rund 170 Jahren die Geschichte des Gasthofs. Damals wie heute ist er nicht aus dem Leben der Gemeinde wegzudenken. Mit seiner bodenständigen holsteinischen Küche hat das ansprechende Traditionshaus sich einen guten Ruf und treue Gäste erworben. Damit das so bleibt, haben die neuen Betreiber zwar die Inneneinrichtung aufgefrischt, eine moderne Bar eingerichtet, aber die Qualität der Speisen beibehalten.

Mit Bachforelle aus dem Backofen (14,50 €), Ostseescholle mit Bratkartoffeln (15,80 €), Wiener Schnitzel vom Holsteiner Kalb (17,50 €) oder dem Sauerfleisch mit Bratkartoffeln (9,– €) bleibt der Landgasthof seiner Tradition als Haus der rustikalen Küche treu.

Feste, Partys und kulturelle Veranstaltungen, einst mit ein Markenzeichen des Gasthofs, sollen auch wieder ins Jahresprogramm aufgenommen werden. Bei unserem Besuch gab es noch Aufbruchstimmung und die Pläne für die Veranstaltungen waren noch nicht ganz ausgereift. Dafür hat uns geschmeckt, was die neue Küche zu bieten hatte.

Anfahrt: A 215 Abfahrt Blumenthal, auf die L 298 Richtung Langwedel. In Scheidekrug rechts in die Straße Jägerberg einbiegen. An der nächsten größeren Kreuzung die L 255 überqueren und dann nach rechts in die Dorfstraße einbiegen.

Zur Schleiperle
Strandweg 125
24399 Arnis
Kreis Schleswig-Flensburg
Tel. 04642/2085
www.schleiperle-arnis.de

Schon der Ort ist einen Ausflug wert. Deutschlands kleinste Stadt ist ein Schmuckstück. Der idyllische Hafen an der Schlei, die Segelboote und hübschen Hausfassaden – alles lädt zum Verweilen ein. Und dann gibt es da auch noch ein ganz besonderes Café und Restaurant. „Wer keine Zeit hat, lebt nicht", steht über dem Eingang der Schleiperle. Ein Motto, das hier erfunden worden sein könnte. Das himmelblaue Holzhaus mit seinen weißen Sprossenfenstern und der großzügigen Veranda zählt zu den guten Fischrestaurants der Region und ist bekannt für seine selbst gebackenen Kuchen. Originell ist das auf Pfählen direkt im Wasser stehende Speisehaus mit dem liebenswürdigen Puppenstuben-Ambiente allemal. Lebensklug und kreativ ist Küchenchef und Inhaber Hans-Werner Broderius, der gemeinsam mit seiner Frau Annemarie seit vielen Jahren eine zuverlässige Adresse für entspannte Genießer ist. „Hausmannskost mit Liebe" nennt er seine Küche. In der Speisekarte tummeln sich Heringe, Butt und Aale aus der Schlei, Dorsch und Schnepel, Zander und Scholle. Insgesamt etwa zwei Dutzend Fischgerichte – aber auch Freunde der Fleischeslust werden hier gut bedient. Spezialität des Hauses ist allerdings Zanderfilet aus dem Ofen, in Crème fraîche gegart, mit Salzkartoffeln und Omas Gurkensalat (16,80 €).

Anfahrt: Von Eckernförde auf die B 203 nach Kappeln, dann Richtung Grödersby. Dort über die Friedenshöher Straße nach Arnis. Die Schleiperle befindet sich auf der Schlei.

Besitzer/Inhaber
Hans-Werner Broderius

Küchenchef
Hans-Werner Broderius

Öffnungszeiten:
April–Okt.:
Di–So ab 11 Uhr,
Küche 12–13.30 Uhr
u. 18–20.30 Uhr

Ruhetag
Montag

Hauptgerichte
ab € 10,–

Spezialität des Hauses
Fischgerichte aus der Region

Plätze
50

Zimmer
1 Ferienhaus, € 85,– pro Nacht

Kreditkarte
EC-Karte, Mastercard

Zur Wulfsmühle

Mühlenstraße 95
25499 Tangstedt
Kreis Pinneberg
Tel. 04101/85660
Fax 04101/856629
www.wulfsmuehle.de

Besitzer/Inhaber
Antonio Saraiva

Küchenchef
Peter Weise

Öffnungszeiten
tägl. 11–22 Uhr

Hauptgerichte
ab € 10,–

Mittagstisch
ab € 6,50

Plätze
170, Terrasse 60, Biergarten 250

Zimmer
8, ab € 59,– p. P.

Kreditkarten
EC-Karte

Besonderheiten
Fischtreppe an der Pinnau, Rad- und Spazierwege

Einfach schön ist es hier: Die aufwendig renovierte Mühle, der kleine See, die waldreiche Landschaft und die Deichlage an der Pinnau – alles lädt zum Verweilen ein.

Gesteigert wird die Lust zu bleiben durch die schmackhafte Küche und den freundlichen Service. Neben so bodenständigen Gerichten wie Rostbratwurst auf Sauerkraut oder Tomatensuppe mit Hackklößchen locken Köstlichkeiten wie beispielsweise das Rinderfilet vom „Freesisch Ochs" unter der Kräuterkruste. Und wer gern Fisch isst, der wird in der Wulfsmühle auch fündig werden.

Wenn zwischen den Gängen eine Pause eingelegt werden soll, empfiehlt sich ein kleiner Spaziergang am See. Kinder können sich derweil auf dem Spielplatz austoben.

Anfahrt: A 23 Hamburg-Heide, Abfahrt Pinneberg-Nord, weiter Richtung Quickborn. Hinter Borstel-Hohenraden rechts in den Mühlenweg abbiegen.

Schleswig-Holsteins Top-Restaurants

In Schleswig-Holstein gibt es nicht nur zahlreiche Landgasthöfe, in denen man gut bis sehr gut speisen kann, der Norden bietet auch erstklassige Spitzengastronomie. Die besten Häuser des Landes stellen wir hier vor. Ihre Auswahl erfolgt durch die Bewertung der deutschen Ausgaben der zwei maßgeblichen französischen Restaurantführer Guide Michelin und Gault Millau aus dem Jahr 2011.

1 Michelin-Stern, 18 Punkte Gault Millau

Bodendorf's
im Landhaus Stricker

Boy-Nielsen-Str. 10
25980 Tinnum/Sylt
Kreis Nordfriesland
Tel. 04651/88990, Fax 04651/8899499
www.landhaus-stricker.de

Besitzer/Inhaber
Kerstin und Holger
Bodendorf

Küchenchef
Holger Bodendorf

Öffnungszeiten
ab 19 Uhr

Ruhetage
Sonntag, Montag

Spezialität des Hauses
mediterrane Küche;
Rehrücken im Ciabatta-
mantel mit Petersilien-
püree, Maronen und
Steinpilzen

Hauptgerichte
ab € 46,–

Menüs
ab € 128,–

Plätze
22

Zimmer
36, EZ ab € 135,–,
DZ ab € 220,–

Kreditkarten
EC-Karte, Amex,
Mastercard, Visa

Das Landhaus Stricker hat als gute Adresse auf
Sylt eine lange Tradition. Doch die war vor ein
paar Jahren bedroht. Dann übernahm ein
finanzstarker Unternehmer das schöne reetgedeckte Haus in Tinnum, um es mit großem
Aufwand zu renovieren und um ein lauschig
wirkendes Luxushotel zu erweitern. Entstanden
ist eine kleine Oase der Ruhe mit viel mediterranem Charme und großzügigen, exquisit eingerichteten Zimmern.
Doch nicht nur das Hotel mit seiner verführeri-
schen Badelandschaft und der betörenden Beautyfarm sind einen Abstecher wert. Es ist vor
allem die Küche von Holger Bodendorf, die
Gourmets in das elegante Haus führt. Seit der
Wandlung des Landhauses in ein Nobelhotel leitet der smarte Topkoch gemeinsam mit seiner
charmanten Frau Kerstin die Geschicke der
Edelherberge und ihrer verschiedenen Küchen.
Das gelingt ihm mit soviel Power und Herzlich-
keit, dass das Landhaus Stricker einen immer
größer werdenden Stamm an Gästen hat.
Auch die Gourmetpäpste der großen Restaurantführer, die Bodendorf seit seinen Anfängen auf
Sylt vor rund 15 Jahren bewerten, schätzen seine
Kochkunst, die sie regelmäßig mit Sternen und
satten Punktzahlen auszeichnen.
Der Michelin freut sich über Bodendorfs Rehrücken mit Nougatkruste, glacierten Nektarinen
und geschmortem Chicorée. Der Gault Millau

bewundert, mit „welcher Akkuratesse der Harley-Davidson-Fahrer seine filigranen Miniaturen auf die Teller zaubert" und die „schicke Cuisine méditerranée im kleinen Gourmetstübchen", dem Bodendorf's im Landhaus Stricker, präsentiert.

Anfahrt: Aus Richtung Westerland in Tinnum in die zweite Straße rechts abbiegen, das Landhaus Stricker ist ausgeschildert.

Buddenbrooks Restaurant im Grand SPA Resort A-ROSA Travemünde

**Außenallee 10
23570 Lübeck-Travemünde
Tel. 04502/3070632, Fax 04502/3070700
resort.a-rosa.de/travemuende/**

Besitzer/Inhaber
Deutsche Seereederei GmbH

Küchenchef
Christian Scharrer

Öffnungszeiten
Di–Sa 18.30–22 Uhr

Ruhetage
Sonntag, Montag

Spezialität des Hauses
Steinbutt in Topinambur-Brühe; eingelegte Steinpilze mit Kalbsbries; Taschenkrebs und Königskrabbe mit Avocado und Buddhas Hand

Menüs
ab € 82,–

Plätze
28

Zimmer
194, DZ ab € 298,–

Kreditkarten
EC-Karte, Amex, Diners, Mastercard, Visa

Es ist die Nähe zu dem Ort, an dem die vielleicht berühmteste deutsche Familiensaga spielt, die dem Restaurant den Namen gab. Die Buddenbrooks sind ein Stück Lübecker Geschichte, Travemünde ein Teil der einst mondänen Bäderkultur, die ein nicht selten sehr wohlhabendes Publikum an diesen Abschnitt der Lübecker Bucht zog. Das ehemalige Kurhaus des Badeortes erinnert an diese Zeit. Als es vor einigen Jahren aufwendig renoviert und durch einen eleganten Erweiterungsbau als A-Rosa-Resort eröffnet wurde, war das ein Neustart für Travemünde, eine Trendwende. Luxus, Komfort, der gelungene Mix aus moderner Architektur und historischem Bau, ein 4500 Quadratmeter großer Spa-Bereich, elegant-modernes Design, skandinavischer Charme in den Zimmern und Suiten sind der Rahmen, in dem das Gourmetrestaurant „Buddenbrooks" seine stilvoll eingebettete Bühne hat.

Christian Scharrer, Koch mit besten Adressen im Lebenslauf, tischt im denkmalgeschützten Lübecker Zimmer seine raffinierten, aber nie abgedrehten Kreationen auf. Ins Schwärmen kommen die Profiverkoster des Michelin bei Scharrers Langostino mit Fenchel und Pernod, seiner Seezunge mit Stopfleber, Morcheln und Kerbelbutter oder aber, wenn der bodenständige Schwarzwälder mal zeigt, wie zart und gehaltvoll Nacken und Rücken vom Lamm in Verbindung mit Sellerie, Parmesan und Tomate schmecken können. Eine Leistung, die seit einigen Jahren mit einem Michelin-Stern ausgezeichnet wird.

Eine „neuzeitliche, klassisch fundierte Küche"
nennt der Gault Millau die Küchenzauberei
Scharrers, der für den Guide nur knapp an 18
von 20 Punkten vorbeischrammt. Aber auch die
17 Punkte belegen, dass den Gault-Millau-Tes-
tern nicht nur die brombeerfarbenen Wände, die
weiße Stuckdecke und die edle Kultur der luftig
platzierten Tische sehr gefallen. Die verwöhnten
Gaumen lieben vor allem die „überbordende
Detail- und Geschmacksvielfalt" der Scharrer-
Künste.

Anfahrt: Von Hamburg über die A 1 Richtung
Lübeck. Bei Bad Schwartau auf die A 226 Richtung Travemünde. In Höhe Lübeck-Siems geht
die A 226 über in die B 75, weiter bis Travemünde. Dort am Hinweisschild „Strand, Kurgebiet"
links in den Moorredder abbiegen und der Stra-
ßenführung folgen. Das Hotel liegt unweit der
Strandpromenade.

2 Michelin-Sterne, 17 Punkte Gault Millau

Dorint Söl'ring Hof
Am Sandwall 1
25980 Rantum/Sylt
Kreis Nordfriesland
Tel. 04651/836200
Fax 04651/8362020
www.soelring-hof.de

Besitzer/Inhaber
Neue Dorint GmbH

Küchenchef
Johannes King

Öffnungszeiten
Mo–Sa ab 18.30 Uhr

Ruhetag
Sonntag

Hauptgerichte
ab € 79,–

Menü
€ 155,–

Plätze
38, 15 auf der Terrasse

Zimmer
15 Zimmer ab € 395,–

Kreditkarten
EC-Karte, Amex,
Diners, Mastercard,
Visa

Ursprünglich war das heute so stattlich und prachtvoll wirkende reetgedeckte Gebäude eine in die Jahre gekommene Immobilie ohne erkennbaren Charme. Als es dann im Jahr 2000 als Söl'ring Hof eröffnete, war eine langwierige, umfangreiche, kostspielige und von vielen beargwöhnte Bauphase abgeschlossen, die wie die Erweckung Dornröschens wirkte. Ein elegantes, mit viel dezentem Luxus ausgestattetes 15-Zimmer-Haus bereichert seitdem die Insel Sylt, das kaum mit einem anderen Hotel zu vergleichen ist.

Das gilt auch für den Patron des in den Dünen gelegenen und mit Meerblick gesegneten Anwesens. Johannes King hat den Bau intensiv begleitet, sein Team ausgesucht und sich eine offene Molteni-Küche in den Speiseraum des Söl'ring Hofs einbauen lassen. Aus ihr werden fast geräuschlos die rund 40 Plätze des behaglich-eleganten Restaurants mit raffinierten Köstlichkeiten verwöhnt.

Die lassen nie lange auf sich warten, denn schon zum Aperitif stimmen King und sein unverkrampftes junges Team mit kleinen, köstlichen Knabbereien auf die folgenden Gänge ein. Was dann erklingt, ist ganz große Oper. Gerichte wie die King'sche Schlemmerschnitte (Rehrücken, Gänsestopfleber und Trüffel) oder die Äsche auf Kartoffel-Lauch-Püree sind fein gewürzte und vorzüglich gegarte Köstlichkeiten, von denen der sympathische Koch und Gastgeber Johannes King einige präsentieren kann. Für die Freunde der süßen Verführung öffnet er die Pforten zum Schlaraffenland mit seinen

Dessert-Arien, die schon mal fünf Gänge umfassen können.

King bietet eine Küche, die der Guide Michelin seit 2005 mit zweien seiner begehrten Sterne zum Leuchten bringt und somit in die Ausnahmeliga unter den Sterne-Häuser aufgenommen hat.

Anfahrt: Das Hotel-Restaurant liegt in Rantum. Man fährt von Westerland Richtung Hörnum, kurz nach der Ortseinfahrt Rantum liegt rechter Hand das Haus.

1 Michelin-Stern, 16 Punkte Gault Millau

Gourmetrestaurant DiVa
im Hotel Gran BelVeder

Strandallee 146
23683 Scharbeutz
Kreis Ostholstein
Tel. 04503/3526707, Fax 04503/3526699
www.belveder.de

Besitzer/Inhaber
Dipl.-Ing. Heribert
Stork

Küchenchef
Gunter Ehinger

Öffnungszeiten
Di–Sa 19-22 Uhr

Ruhetage
Sonntag, Montag

Spezialitäten des Hauses
Reh auf der
Waldlichtung

Hauptgerichte
ab € 36,–

Menüs
ab € 68,–

Plätze
20

Zimmer
83, ab € 138,– p. P.

Kreditkarten
EC-Karte, Amex,
Mastercard, Visa

Manchmal könnte man denken, man sei im Süden und nicht im Norden. So mediterran, so licht und farbenfroh präsentieren sich einige Hotels und Restaurants in Schleswig-Holstein. Das noch junge Spa & Wellness Resort Gran BelVeder in Scharbeutz bei Timmendorfer Strand gehört in diese Kategorie. Der Gast genießt in dem modernen Bau die großzügig geschnittenen Zimmer und Suiten, hat unmittelbaren Zugang zum Bade- und Spa-Bereich der 18 000 (!) Quadratmeter großen Ostsee-Therme und kann im DiVa exzellent speisen.

Dafür ist Gunter Ehinger verantwortlich. Ein Glücksgriff für das anspruchsvolle Hotel-Restaurant, denn Ehinger gehört in die bundesdeutsche Riege der Topköche, die eine ganze Liste erstklassiger Adressen vorweisen können. Das schmeckt man, wenn der freundliche Küchenmeister zum Beispiel glasierte Flusskrebsschwänze auf confiertem Sellerie, milder Kartoffel-Liebstöckelcreme und Trüffelvinaigrette (27,– €), gebratenen Kabeljau auf bretonischem Salpicon und Kapern-Beurre-Blanc (24,– €) oder Reh auf der winterlichen Waldlichtung (36,– €) serviert.

Der Michelin lobt Ehingers „zeitgemäß-klassisch ausgerichtete und regional beeinflusste" Küche. Der Gault Millau schwärmt schon bei den Knabbereien, die als Menü-Auftakt gereicht werden, von „kleinen Meisterwerken" und ist begeistert von der perfekten Kochkunst des Küchenchefs, die sich aromenstark und ideenreich präsentiert.

Genießen können die Gourmets die Menüs in einem hellen, elegant-mediterranen 20-Plätze-Restaurant, das auch vergessen lässt, dass der Süden weit weg ist. Stattdessen liegt die reizvolle Ostsee des DiVas direkt vor den Augen der Gäste. Ein toller Ausblick.

Anfahrt: A 1 Lübeck-Puttgarden, Abfahrt Scharbeutz. Auf die B 76 nach Scharbeutz. Der Bundesstraße durch den Ort folgen, sie wird zur Strandallee.

1 Michelin-Stern, 14 Punkte Gault Millau

Gourmetrestaurant Töpferhaus im Seehotel

Am See
24791 Alt Duvenstedt
Kreis Rendsburg-Eckernförde
Tel. 04338/99710, Fax 04338/997171
www.toepferhaus.com

Besitzer/Inhaber
Gert Thies-Lembcke

Küchenchef
Oliver Pfahler

Öffnungszeiten
Di–Sa 18–22 Uhr

Ruhetage
Sonntag, Montag

Spezialität des Hauses
Rinderbacken in Burgunder geschmort mit gebratener Entenstopfleber

Hauptgerichte
ab € 38,–

Menüs
ab € 79,–

Plätze
28

Zimmer
46, DZ ab € 125,–

Kreditkarten
EC-Karte, Amex, Mastercard, Visa

Das Töpferhaus gehört seit Jahrzehnten zu den besonderen Destinationen in Schleswig-Holstein. Die idyllische Lage am Bistensee, die Ruhe und Behaglichkeit des Hauses lassen seine Abgeschiedenheit zu einem echten Mehrwert werden. Bekannt ist das Töpferhaus auch für seine stets herausragende Küche, die (leider oft wechselnden) Küchenchefs, die mit ihren Leistungen das Seehotel konstant zu den ersten Adressen für Feinschmecker halten, sind ein entscheidendes Argument, hier zu rasten.

Seit Mitte 2010 steht Oliver Pfahler, den manche noch aus dem Hamburger „Atlantic" kennen, am Herd im Töpferhaus. Dort überzeugte er schnell die Inspekteure des Michelin, die ihm für seine „produktbezogene Küche" einen Stern zuerkannten.

Der Gault Millau lobt die „puristische Präsentation" der Speisen, die mit interessanten Kombinationen und nachhaltigem Geschmack überzeugen. Der ist vor allem bei Gerichten wie dem gebratenen Wolfsbarsch auf Tatar von Kaisergranat mit Broccolicreme und brauner Butter gegeben. Pfahlers Potenzial, das lässt sich nach den ersten kulinarischen Eindrücken schon sagen, ist vielversprechend. Bleibt nur zu hoffen, dass ihn das Töpferhaus für einige Zeit halten kann, damit er zeigt, was in ihm steckt.

Der charmante Service unter José-Luis Santos, der zu den beständigen Größen des Hauses gehört, lockt nicht zuletzt mit einer beeindruckenden Weinauswahl und lässt jeden Besuch zu einem erfreulichen Ereignis werden.

Anfahrt: Alt Duvenstedt liegt nördlich von Rendsburg. A 7 Hamburg–Flensburg, Abfahrt Rendsburg/Büdelsdorf. B 203 Richtung Eckernförde. Auf der Höhe von Sande/Holzbunge links halten und der Ausschilderung zum Töpferhaus folgen.

2 Michelin-Sterne, 17 Punkte Gault Millau

Hotel Fährhaus Munkmarsch

**Bi Heef 1
25980 Munkmarsch/Sylt
Kreis Nordfriesland
Tel. 04651/93970, Fax 04651/939710
www.faehrhaus-sylt.de**

Geschäftsführung
Gerhard Pohl

Küchenchef
Alexandro Pape

Öffnungszeiten:
**Winter: Di–Sa ab 18 Uhr
Sommer: Di–So ab 18 Uhr**

Ruhetage
**Montag,
im Winter auch Sonntag**

Spezialität des Hauses
Scheiben vom Rehrücken mit Selleriepüree und Steinpilzen in Wacholderjus

Mittagstisch
in der Käpt'n Selmer Stube ab € 9,–

Hauptgericht
ab € 26,–

Menüs
ab € 118,–

Plätze
30 im Restaurant, 34 in der Käpt'n Selmer Stube, 24 auf der Terrasse

Alexandro Pape steht in der Küche eines der schönsten Häuser der Insel. Die Lage an der Wattseite von Sylt, direkt am Hafen von Munkmarsch, verleiht dem Fährhaus einen Logenplatz. Das heutige Luxushotel mit seinen exquisiten Zimmern und Suiten, der Badelandschaft und dem Wellnessbereich ist entstanden aus einem ehemaligen Anlaufpunkt für alle Syltbesucher. Dieser Punkt war vor der festen Verbindung zum Festland der Hafen von Munkmarsch, das stattliche Fährhaus die erste Begegnung für die über See Angereisten.

1869 errichtete man den prachtvollen viktorianischen Bau mit seiner einladenden Holzveranda, die wurde von den heutigen Betreibern des Hotels mit hohem Aufwand fachgerecht restauriert. Der Reiz und die äußere Pracht des schönen Fährhauses mit seinem architektonisch gelungenen Hotelneubau korrespondieren mit den inneren Werten des elegant-noblen Hotel-Restaurants.

Papes Kochkunst wird dem Anspruch des Hauses durch eine überaus kreative, klassisch geprägte Küche gerecht. Der Gault Millau kann sich vor allem für die perfekt in Szene gesetzten Köstlichkeiten begeistern, die mehr als nur das Klassische bieten. Der Guide lobt „den sensiblen Feingeist" Papes und hält ihn „von allen Sylter Köchen für den sicherlich mutigsten und experimentierfreudigsten".

Der Michelin erkennt in dem temperamentvollen Küchenchef ein Ausnahmetalent und schwärmt zum Beispiel von seinem Cocktail von gebratener Entenstopfleber und geräuchertem Aal.

Weitere Pluspunkte im gastfreundlich von Gerhard Pohl geführten Fährhaus erzielen Dennis Zerbe als Restaurantchef und Lennart Wenk als Sommelier. Sie sorgen für die angenehme Atmosphäre und den kompetenten Service, der ein Haus dieser Klasse erst zu dem macht, was es ist: eine der besten Adressen des Nordens.

Anfahrt: Das Fährhaus liegt direkt am Hafen von Munkmarsch, das man von Westerland aus erreicht, wenn man Richtung List fährt.

Zimmer
39 Zimmer und Suiten, ab € 168,–

Kreditkarten
EC-Karte, Amex, Mastercard, Visa

2 Michelin-Sterne, 17 Punkte Gault Millau

La Belle Epoque
im COLUMBIA Hotel Casino
Travemünde

Kaiserallee 2
23570 Lübeck-Travemünde
Tel. 04502/3080, Fax 04502/308333
www.columbia-hotels.com

Besitzer/Inhaber
**COLUMBIA (Deutsch-
land) GmbH**

Küchenchef
Kevin Fehling

Öffnungszeiten
**Küche Mi–So
18.30–21 Uhr**

Ruhetage
Montag, Dienstag

Spezialität des Hauses
**Roh marinierte
Langoustinos mit Blut-
orange, Buddhas-Hand-
Zitrone, Shiso und Ing-
wer**

Menüs
ab € 79,–

Plätze
22

Zimmer
72, DZ ab € 198,–

Kreditkarten
**EC-Karte, Amex,
Mastercard, Visa**

Die Columbia-Hotels — ein international agie-
rendes Unternehmen — hat in Deutschland drei
Nobelherbergen, deren Küchen mit Michelin-
Sternen ausgezeichnet sind. Aber nur eine, die
auf zwei der begehrten Leuchtkörper stolz sein
kann: das Columbia in Lübeck-Travemünde.
Mit Kevin Fehling hat sich ein noch recht junger, aber äußerst kreativer und solider Koch-
handwerker diese selten in Deutschland vergebe-
ne Qualitätsbescheinigung erkocht. Im Michelin
2011 erfüllte sich, was andere Gourmetexperten
den originellen und makellosen Kreationen des
smarten Meisterkochs vorausgesagt hatten: der
zweite Michelin-Stern. Die verdeckt arbeitenden
Inspekteure des französischen Restaurantführers
neigen nicht zu euphorischen Beschreibungen,
wenn sie ihre Zensuren vergeben. Also stellen sie
lapidar, aber respektvoll fest, dass Kevin Fehling
auf eine „innovative Küche aus saisonalen Produkten setzt". Das dezente Lob der unbekannten
Profi-Esser betrifft nicht nur die Küchenleistung.
„Die Speisen", so der Michelin, „werden von
einem freundlichen und professionellen Team
in elegantem Ambiente serviert. Die Fensterfront
gibt den Blick auf die vorbeiziehenden Schiffe
frei." So unprätentiös lässt sich kulinarische
Höchstleistung eben auch beschreiben.
Es gibt sicher mehr über den 1914 erbauten
Prachtbau, der fast im Originalzustand erhalten
und aufs Feinste restauriert wurde, zu sagen
beziehungsweise zu schreiben. Aber was soll die
Schwärmerei über luxuriöse Zimmer und Suiten, die stilvoll-moderne Beauty- und Wellness-
Welt des 5-Sterne-Superior-Hotels, das kostbare

Porzellan, edles Silber und ebensolche Gläser in Fehlings Gourmetreich? Seine Speisen, die auch schon mal auf Pergament serviert werden und so kreativ wie wohlschmeckend ausfallen wie die gebratenen Jakobsmuscheln mit Rhabarber, Vanilleöl und Bouillon vom Waldmeister sprechen für sich. Und überhaupt: All die Beschreibungen sind nichts dagegen, (mindestens) einmal bei Fehling gegessen zu haben. Dann erlebt und schmeckt man, was gemeint ist.

Anfahrt: Am Autobahndreieck Bad Schwartau von der A 1 auf die A 226 fahren (Richtung Lübeck-Travemünde), die in die B 75 übergeht. In Travemünde an der ersten Ampel in den Moorredder abbiegen und der Straße bis zum Ende (Godewindpark) folgen. Dann rechts abbiegen, nach ca. 100 m sehen Sie auf der linken Seite das Hotel.

La Mer im Grand SPA Resort A-ROSA Sylt

Listlandstraße 11
25992 List/Sylt
Kreis Nordfriesland
Tel. 04651/96750827, Fax 04651/96750799
resort.a-rosa.de/sylt/

Besitzer/Inhaber
Deutsche Seereederei GmbH

Küchenchef
Sebastian Zier

Öffnungszeiten
Mi–So 19–22Uhr

Ruhetage
Montag, Dienstag

Spezialität des Hauses
Fisch, Schalen- und Krustentiere sowie regionale Fleischspezialitäten

Hauptgerichte
ab € 45,–

Menüs
ab € 105,–

Plätze
20

Zimmer
177, ab € 124,– p. P. inkl. Frühstück

Karten
EC-Karte, Amex, Mastercard, Visa

Sylt ist nicht irgendeine Insel. Das (mondäne) Eiland ist das Mekka der Genießer. Die Zahl der Sternerestaurants wächst kontinuierlich, die besten Köche Deutschlands fühlen sich von der lebendigen Gastronomie der Insel angezogen. Zu ihnen gehört auch Sebastian Zier. Fünf Jahre stand er in Deutschlands bester Küche: in der Schwarzwaldstube der Traube Tonbach als Mitarbeiter des legendären Harald Wohlfahrt. Da erstaunt es kaum, dass Zier schon nach den ersten Monaten auf der nordfriesischen Insel die „Fresspäpste" der Gourmetführer begeistern konnte.

Ziers Herd steht im 2010 eröffneten Sylter Luxus-Domizil „A-ROSA" in List. Der spektakuläre Bau direkt an der Nordsee will nicht nur Wellnessgästen ein Paradies sein, auch die feinen Schmecker sollen sich hier wie im Schlaraffenland fühlen. Klar, dass auf der Insel ein Motto die Küche bestimmt: Frisches aus dem Meer.

„La Mer" nennt Zier deshalb seine Wirkungsstätte. Der französische Name für den norddeutschen Speiseplatz unterstreicht die Tradition, der sich der junge Koch verpflichtet fühlt: die französische Hochküche. Sein elegantes Refugium setzt auch auf ein sich langsam veränderndes (ethisches) Bewusstsein bei Essern, Köchen und Produzenten. Mit seinem Quartett aus un(!)gestopfter Bio-Gänseleber beweist der Meister, dass verantwortlicher Umgang bei der Erzeugung von (exklusiven) Lebensmitteln zu exquisiten Ergebnissen führen kann.

Der Michelin schwärmt aber nicht deshalb von dem „bemerkenswerten Haus in traumhafter Lage". Für die Tester des renommierten Guides verdiente die herausragende Qualität der „kreativen Küche" schon ein knappes halbes Jahr nach der Neueröffnung einen ihrer begehrten Sterne.

Für den oft bissigen Restaurantführer Gault Millau war „die künstlerische Stärke Ziers zu stimmigen Kompositionen" so beeindruckend, dass er den Kochkünstler nicht nur mit üppigen 17 Punkten beglückte, sondern auch zur „Entdeckung des Jahres 2011" kürte. Weitere Begründung dafür: „Er führt ein junges Team, das auf Sylt so überraschend gut aufkocht, wie die junge deutsche Fußball-Elf bei der WM aufspielte. Seine Küche auf klassischer Basis entzückt auch optisch."

Anfahrt: Das Resort liegt an der Straße, die von Westerland nach List führt.

Orangerie
im Maritim Seehotel

Strandallee 73
23669 Timmendorfer Strand
Kreis Ostholstein
Tel. 04503/6052424, Fax 04503/6052450
www.orangerie-timmendorfer-strand.de

Besitzer/Inhaber
Maritim Hotelgesell-
schaft mbH

Küchenchef
Lutz Niemann

Öffnungszeiten
Mi–So 18–22.30 Uhr,
So u. feiertags auch
12–14 Uhr

Ruhetage
Montag, Dienstag

Hauptgericht
ab € 32,–

Menüs
ab € 49,–

Spezialität des Hauses
Fischgerichte, z. B. gra-
tinierte Felsenrotbarbe

Plätze
60

Zimmer
237 Zimmer, 7 Pent-
houses
EZ ab € 85,–

Kreditkarten
EC-Karte, Amex,
Diners, Maritim Part-
ner Card, Mastercard,
Visa

Der Name Lutz Niemann genießt in Feinschme-
cker- und Kochkreisen einen sehr guten Ruf.
Seit über einem Jahrzehnt zählt Niemann zu
dem erlesenen Kreis der Sterneköche des Nordens. Diese Ausnahmeleistung hat eine glänzen-
de Bühne. Im Maritim Seehotel, zu dem die
Orangerie gehört, wirkt Niemann in einer
modernen Küche und präsentiert seine Kreationen in einem eleganten Restaurant.
Ein heller, großzügiger Raum mit lackierten
Wänden in Creme- und Maistönen, die teilweise
durch Antikholz abgesetzt sind. In diesem
modernen, noblen 60-Plätze-Tempel gibt es
zudem noch einen Privat Dining Room für acht
Personen mit Blick auf den Kurpark von Timmendorfer Strand. Wer die exzellenten Speisen
bei Sommerwetter lieber im Freien genießen
möchte, kann unter weißen Sonnenschirmen
auf der Terrasse sitzen.
Frei nach dem Motto: „Warum soll ich verwege-
ne Kreationen kochen, wenn es geniale klassische Gerichte gibt, die meine Gäste mögen?",
beweist Lutz Niemann sein Können zum Beispiel mit gerösteten Flusskrebsen mit Tomaten-
fondue, Loup de Mer in der Salzkruste oder
Kalbsbäckchen im Topf geschmort.
Der Gault Millau schwärmt von seinen „betörenden Fischgerichten", und der Michelin
notiert als Spezialitäten des Hauses die grati-
nierte Felsenrotbarbe mit Tomaten-Croustillant
im Bouillabaissesud oder die Seezunge mit
Limonen-Kerbel-Butter gebraten und mit grünem Spargel, aber auch das Kalbskotelett in
Provence-Aromen.

Im Service hat Lutz Niemann ebenfalls seit vielen Jahren mit Ralf Brönner einen zuverlässigen Partner, der nicht nur mit großer Weinkenntnis die Gäste berät, sondern stets genau den Ton findet, der das Wohlgefühl steigert.

Anfahrt: A 1 Lübeck-Puttgarden, Abfahrt Scharbeutz. Auf die B 76 über Scharbeutz nach Timmendorfer Strand. Das Hotel liegt im Ortszentrum, Richtung Strand, direkt an der Strandallee.

Eine beliebte Anlaufstelle für die Gäste in Timmendorfer Strand ist die in die Ostsee ragende Seebrücke.

1 Michelin-Stern, 18 Punkte Gault Millau

Restaurant Jörg Müller

Süderstraße 8
25980 Westerland/Sylt
Kreis Nordfriesland
Tel. 04651/27788
Fax 04651/201471
www.hotel-joerg-mueller.de

Besitzer/Inhaber
Jörg Müller

Küchenchef
Jörg Müller

Öffnungszeiten
18–22 Uhr

Ruhetag
Montag

Reservierung
unbedingt erforderlich

Spezialität des Hauses
getrüffeltes Tauben-
carpaccio mit Zucker-
schotensalat

Hauptgericht
ab € 74,–

Menü
ab € 98,–

Plätze
35

Zimmer
22, DZ ab € 160,–

Kreditkarten
EC-Karte, Amex,
Diners, Mastercard,
Visa

Über Jörg Müller und seine Kochkunst ist schon viel geschrieben worden. Kein Zweiter hat im Norden so kontinuierlich das gesamte Niveau der Küche dieser Region nach vorne getrieben wie der aus dem Badischen stammende Mann mit dem beeindruckenden Zwirbelbart und der freundlich-ruhigen Ausstrahlung. Müller wird seit Jahren von den entscheidenden Restaurantführern hoch gelobt und entsprechend mit Sternen, Kochmützen und Punkten ausgezeichnet. Seine „klassisch zubereiteten Kunstwerke" lobt der Gault Millau wegen ihrer perfekten Zubereitung und harmonischen Komposition.

Für den französischen Guide ist Müller nach wie vor der „Platzhirsch auf der Insel". Der Michelin hat sich zwar immer noch nicht entschlossen, Müller den zweiten Stern für seine Ausnahmeküche wiederzugeben (er hatte ihn Anfang der 1980er Jahre), aber auch der eine Stern, der Jörg Müllers Küche beständig schmückt, besitzt genügend Kraft, um die legere Eleganz des gerade frisch renovierten Restaurants und den herzlichen Charme des Hauses zum Leuchten zu bringen.

Der Charme ist ein Verdienst von Gattin Barbara Müller, die den Service leitet und sich um das schicke Hotel kümmert. Die gelungene Gestaltung des Neubaus, die an die Bäderarchitektur um 1900 erinnert, bietet anspruchsvolle Zimmer beziehungsweise Appartements, die nicht nur durch ihre stilvolle Einrichtung, sondern auch durch ihr großzügiges Raumangebot überzeugen.

Anfahrt: Im Zentrum von Westerland findet man das Hotel-Restaurant in der Süderstraße, die von der Friedrichstraße (Einkaufsstraße) abgeht.

Restaurant Meierei Dirk Luther / Alter Meierhof

**Uferstraße 1
24960 Glücksburg
Kreis Schleswig-Flensburg
Tel. 04631/6199411
www.alter-meierhof.de**

Geschäftsführer
Sara Sausmikat-Theilen

Küchenchef
Dirk Luther

Öffnungszeiten
**Di–Sa: Küche 18.30–
21.30 Uhr**

Ruhetage
Sonntag, Montag

Hauptgerichte
ab € 34,–

Menü
€ 105,–

Spezialität des Hauses
**klassische französische
Küche mit modernen
Akzenten**

Zimmer
54, ab € 133,– p. P.

Kreditkarten
alle

Direkt an der Flensburger Förde gelegen, mit einem fantastischen Blick auf eines der schönsten Segelreviere Deutschlands, präsentiert sich der Alte Meierhof als imposanter Fachwerkbau und als Oase der Ruhe und Beschaulichkeit. Der Wellnesstempel mit seiner Badelandschaft und dem Hamam zieht seit seiner Eröffnung viele Gäste in das elegante, sehr persönlich geführte Privathotel.

Steigern konnte der Alte Meierhof seine Bekanntheit und Attraktivität mit einer Personalie, die die noble Herberge zur Topadresse für Feinschmecker werden ließ. Es war die Verpflichtung von Dirk Luther als Küchenchef des 5-Sterne-Plus-Hotels. Mit dem 2-Sterne-Koch hat der Alte Meierhof seine Küche zur besten in ganz Norddeutschland entwickelt – so das Urteil der nationalen und internationalen Restaurantführer.

Von Gang zu Gang beweist hier ein kreativer, äußerst präzise arbeitender Koch mit seinen Kreationen handwerkliches Können auf höchstem Niveau und kunstvolle Kombinationen von Produkten und Aromen. Dem Verfechter der klassisch-französischen Küche kommt es dabei nicht auf Showeffekte an. Im Gegenteil: Luther überzeugt in seinem luxuriös ausgestatteten Speiseraum mit eleganter Schlichtheit. Dem Genießer hüpft das Herz in der Brust, weil er mit jedem Bissen spürt, dass die Köstlichkeiten aus der Luther-Küche eine Entführung in das (moderne) Reich der lukullischen Hochgenüsse sind, wie man sie nur an wenigen Orten erleben kann. Dem Alten Meierhof kann man zu diesem

Kochkünstler nur herzlich gratulieren! Dass es dem exzellent geführten Haus zudem gelungen ist, einen souveränen, umsichtigen Service aufzubauen, lässt jeden Besuch zu einem hoch erfreulichen Erlebnis werden.

Anfahrt: Über die A 7 bis zur Abfahrt Flensburg/Glücksburg/Husum, dort auf die B 200 Richtung Glücksburg/Kappeln. Ausfahrt: Flensburg-Rude, dann an der 1. Ampel rechts Richtung Innenstadt, der zweispurigen Straße folgen in Richtung Mürwik. Der nächste Ort ist Meierwik, das Hotel liegt links, direkt an der Flensburger Förde.

Stolz

Markt 24
24306 Plön
Kreis Plön
Tel. 04522/50320
Fax 04522/503210
www.hotel-restaurant-stolz.de

Besitzer/Inhaber
Christiane und Robert Stolz

Küchenchef
Robert Stolz

Öffnungszeiten
Di–So ab 18 Uhr, So u. feiertags auch 12–14 Uhr

Ruhetag
Montag

Hauptgerichte
ab € 26,–

Menüs
ab € 56,–

Spezialität des Hauses
frische, kreative Küche mit Produkten aus der Region

Plätze
40, 25 auf der Terrasse

Zimmer
2 EZ ab € 84,–,
3 DZ à € 128,–

Kreditkarten
EC-Karte, Mastercard, Visa

Die regionale Küche gilt zu Recht als die wichtigste. Mit den unverkennbaren Produkten einer Landschaft kann ein guter Koch kreativ und bodenständig zugleich sein und seinen Speisen genau die Einmaligkeit geben, die mit Allerweltsprodukten nicht gelingt.

Robert Stolz hat in den letzten Jahren mit Konsequenz und großer Könnerschaft die regionale Küche in Schleswig-Holstein immer wieder mit neuen Kreationen bereichert. Wie kaum ein zweiter Spitzenkoch im Land sucht er die Fischer, Züchter, Gärtner, Gemüsebauern und Käsemacher seiner holsteinischen Region auf, um immer wieder die Qualität zu prüfen, sein Wissen um die Produkte zu vertiefen und seine Kreativität zu beflügeln. Klar, dass der engagierte, kreative Koch zu den Gründern des Vereins „Feinheimisch" gehört, die sich für eine konsequente regionale Küche einsetzen.

Bei diesen Voraussetzungen gelingen dem vielfach ausgezeichneten Küchenmeister Gerichte wie Seeteufel mit süß-saurem Blumenkohl oder das Sattelschwein mit Sommerrübchen und Bamberger Hörnchen – geschmackstiefe Kreationen, für die der Michelin dem klugen Koch nach einigen Jahren wieder einen Stern verleiht. Es wurde Zeit!

Christiane Stolz und ihr versiertes Serviceteam schaffen mit Kompetenz und Freundlichkeit in den eleganten Räumen eine herrlich unverkrampfte Atmosphäre.

Eine sorgsam zusammengestellte Weinkarte bietet große Gewächse und sehr gute Angebote bei den offenen Weinen.

Wer nach all den Genüssen nicht nach Hause
will, sollte eines der hübschen Zimmer im Stolz
buchen. Der Blick auf den Plöner See oder auf
die neuromanische Nikolaikirche am Markt
unterstreicht das Gefühl, hier an einem besonderen Wohlfühlort zu sein.

Anfahrt: Plön erreicht man über die B 76. Im
Ort Richtung Innenstadt fahren. Das Restaurant
liegt direkt am Marktplatz.

1 Michelin-Stern, 16 Punkte Gault Millau

Wullenwever

Beckergrube 71
23552 Lübeck
Tel. 0451/704333
Fax 0451/7063607
www.wullenwever.de

Besitzer/Inhaber
Roy Petermann

Küchenchef
Roy Petermann

Öffnungszeiten
ab 19 Uhr

Ruhetage
Sonntag, Montag

Hauptgericht
ab € 35,–

Menüs
€ 58,–

Plätze
50, 50 auf der Terrasse

Kreditkarten
EC-Karte, Amex,
Diners, Visa

In Nachbarschaft zum Buddenbrookhaus findet man in Lübecks Beckergrube ein Restaurant, das jeden Gast schon gleich nach dem Betreten ins Schwärmen geraten lässt. Das gut 400 Jahre alte Patrizierhaus mit seinen wunderschönen, erst vor wenigen Jahren hervorragend renovierten historischen Räumen versetzt einen schnell in eine andere Welt.

Mit Roy Petermann herrscht hier ein Koch und Patron, der sich ganz dem eleganten Stil des Hauses und seiner beachtlichen Tradition verpflichtet fühlt. Dennoch wissen der charmante Koch und seine Frau Manuela den Gästen schnell das Gefühl von entspanntem Genießen vor historischer Kulisse zu vermitteln. Weder steif noch aufgesetzt wird hier große Küche zelebriert, die von großen Weinen begleitet wird. Der seit vielen Jahren an der Spitze der norddeutschen Köche fest etablierte Petermann wird aber nicht nur wegen seiner geschmackstiefen Gerichte und seiner souveränen Speiseküste gelobt und mit Sternen ausgezeichnet, sondern auch für sein Preisgefüge. Der Gault Millau schreibt: „Roy Petermann ist nicht nur ein sensibler Künstler am Herd, sondern auch ein intelligenter Geschäftsmann." Das Lob gilt seiner moderaten Preisgestaltung, die schon seit Jahren anzuerkennen ist.

Für den Michelin sind die „kreativen Gaumenfreuden", die Petermann zaubert, seit Jahren immer wieder einen Stern wert und sein Restaurant mit dem „klassischen Rahmen und dem lauschigen Innenhof" eine gesonderte Erwähnung.

Anfahrt: A 1 Abfahrt Lübeck-Zentrum Richtung
Innenstadt. Hinter dem Holstentor links halten
und die Trave überqueren. An der Ampel links
(An der Untertrave). Am Fluss entlangfahren,
die Beckergrube ist die fünfte Straße rechts.

Register nach Besonderheiten

Stadt- und Kreisregister

Ortsregister

Impressum

Bibliografische Information der Deutschen Nationalbibliothek Die Deutsche Nationalbibliothek verzeichnet diese Publikation in der Deutschen Nationalbibliografie; detaillierte bibliografische Daten sind im Internet über http://dnb.d-nb.de abrufbar.

ISBN 978-3-8319-0198-2

© Ellert & Richter Verlag GmbH, Hamburg, 3. aktual. Auflage 2011

Bildnachweis
Autor und Verlag bedanken sich bei allen Landgasthöfen für die freundliche Unterstützung und die gute Zusammenarbeit. Darüber hinaus möchten wir uns bei all jenen bedanken, die uns weiteres Fotomaterial zur Verfügung gestellt haben.

Archiv Ellert & Richter: S. 131
Nils Gereke (Architekt): S. 121
Ralf Gosch – Fotolia.com: S. 109
Michael Pasdzior, Hamburg: Titelfoto
Georg Quedens, Norddorf/Amrum: S. 135

Text: Michael Stitz, Flensburg
Karten: THAMM Publishing & Service, Bosau
Gestaltung: Büro Brückner + Partner, Bremen
Lithografie: Griebel-Repro, Hamburg
Gesamtherstellung: DZA Druckerei zu Altenburg GmbH, Altenburg

Alle Angaben zu den Restaurants sind mit Sorgfalt zusammengestellt worden, jedoch ohne jegliche Gewähr. Redaktionelle Angaben: Stand März 2011.

Wenn Sie Ergänzungs- und Berichtigungsvorschläge haben, schreiben Sie bitte an:
Ellert & Richter Verlag
Große Brunnenstr. 116-120
22763 Hamburg
info@ellert-richter.de
www.ellert-richter.de